JN076390

東大教授の考え続ける力がつく思考習慣

東京大学教授
西成活裕

あさ出版

はじめに

私たちは今、人も、情報も、仕事も、あらゆることが複雑に絡み合っている社会を生きています。
「渋滞学」が専門の私から見ると、まさに何もかもが渋滞を引き起こしているような状態。
人の生き方も、働き方も、考え方も多様化し、誰に向かって何を提供すればビジネスが成り立つのか？
そもそも自分はどういう人生を歩いていけばいいのか？
このように頭を抱えている人も多いのではないでしょうか。

それは、「正解」という出口がない迷路をさまよっているようなものです。
しかし、**世の中が複雑になって「どうしよう？」と不安ばかり感じて立ち往生する人**もいれば、**「面白そう！　自分次第でチャンスをつかめるぞ」と、ワクワクしながらチャレンジを楽しむ人**もいます。
あなたはどちらのタイプに近いでしょうか？

私はこれまでに、高速道路や空港での混雑緩和、サウジアラビアにおける聖地巡礼者の混雑解消、トヨタの「カイゼン」で有名な山田日登志さんなどとご一緒したモノづくりの現場での作業効率改善など、さまざまな分野の難題解決に尽力してきました。

こうした仕事を通して気づいたことは、**「どんな困難も諦めずに考えれば乗り越えられる！」**ということです。

「考える力」こそ、どんな時代も生き抜いてきた人間の最大の強みです。

ところが、この「考える力」を最大限活用している人と、全く使いこなせていない人がいるのも事実。

「考える力」を発揮している人のほうが、成功を手に入れやすいことは言うまでもありません。

「考える力の使い方は人によって大きな差がある」と私が意識し始めたのは、東京大学に入った頃でした。

東大には、全国から集まったとんでもなく頭のよいスーパー大学生がたくさんいて、日々、ダメダメな自分を痛感したからです。

「なんでアイツはあんなに賢いんだろう？」
「いつも麻雀ばかりやっているのに成績トップの人は、自分といったい何が違うんだ？」

当時の私は、そんなことばかり考えていました。

そこで、ずば抜けて頭がよい人たちの言動を細かく観察し始めたのです。

彼らに、「なんでそんなにできるの？」と聞くと、

「考えれば分かるじゃん」

「勉強なんかしなくても、どうすればいいか考えればできるじゃん」
　という言葉がよく返ってきました。
「イヤイヤ、自分も考えているつもりだけど、分からないから聞いているんだ」と、内心で思ったもの……。

　おそらく一般の方の多くは私と同じように、勉強しなくても頭がよい人の「思考のカラクリ」は分からないと思います。
　しかし、私は分からないまま終わらせるわけにはいきませんでした。同じ人間なのに差がつくのはものすごく悔しいですし、負けたくなかったからです。

　実はそのもっと前の高校受験のとき、国立や私立の学校をいくつか受けて「全落ち」した経験がある私は、自分より賢い人がたくさんいる現実にショックを受けて落ち込んだことがありました。
　人生初の挫折経験はダメージが大きすぎて、自宅で約３日間うずくまっていたほどです。
　しかし、人一倍負けず嫌いだったおかげで、決して諦めることなく、地元の県立高校で一生懸命に勉強して東大に合格しました。

　ところが、東大に入ったら入ったで、後にスーパーエリートとして活躍するような天才や秀才がゴロゴロいてびっくり！　さらなる衝撃を受けた……というわけです。
「全落ち」のどん底から這い上がって、東大合格でようやく取り戻した自信も、一瞬で吹き飛ばされてしまいました。

そのときから、頭がよい人にあって、自分にないものは何なのか、観察・分析する癖がついたのです。

大学院に進んでからは、学費も生活費もバイト代でやりくりする極貧生活だったため、

「これから必死に生きていかなきゃいけない」

「社会で成功するためには、もっと賢くならなきゃいけない」

という焦りもありました。

在学中、東大生がよく口にする言葉**「考えれば分かる」**をヒントにして共通点を探ったところ、いくつか分かったことがあります。

頭がよい人は、ただ「考える」だけでなく、「考え続けている」のです。

これは、筋トレやマラソンのような運動と同じで、鍛えれば鍛えるほど力がつく「考える体力」とも言えます。

何か問題に直面したとき、考えることをやめてしまえば、そこで終わりです。

しかし、考え続けている限り、思考は広く、深くなり、最良の答えに近づくことができます。さらに考え続ければ、その答えをどんどん発展させていくこともできるのです。

私はこの考え続けるために必要な7つの考える力を、身体の「体力」になぞらえて「思考体力」と名づけました。私自身も、思考体力を鍛え、思考体力を使って考え続ける「思考習慣」を身につけることができたのです。

そのおかげで、数理物理学者として「渋滞学」「無駄学」といった学問を立ち上げ、42歳で東大の教授になることができました。

仕事を通じて出会った一流の経営者やさまざまな分野の第一線で活躍している人たちも、やはりみなさん「思考習慣」が身についています。

成功者とそうでない人の差は、「思考習慣」が身についているかいないかの差と言っても過言ではありません。

そこで本書では、「思考習慣」に必要な“7つの考える力（思考体力）”について説明したうえで、それぞれの力をどのような場面で、どのように組み合わせれば役に立つのか、分かりやすくお話ししていきます。

転職や副業を考えている人も、「思考習慣」があれば社会に求められる人材になれます。

生き方や働き方に迷っている人も、**人間関係で悩んでいる人**も、「思考習慣」があれば、解決の糸口を見つけられるはずです。

失敗も挫折も、諦めずに考え続けて学びにすれば、成功に繋げることもできるでしょう。

さらに「思考習慣」を身につけることに、お金は1円もかかりません。時間も場所も、全く関係ありません。

忙しくて余裕がなかったり、面倒くさくなって考えることをいったんやめても、諦めずにまた考え続ければいいのです。

もしもあなたが、毎日スマートフォン（スマホ）やパソコンばかり見て、自分で考え続ける習慣が身についていないという自覚があるのなら、まずは危機感を持ちましょう。

なぜなら、複雑で不確実で変化が激しいこれからの時代は、考え続けられる人と考えられない人の差がどんどん広がっていくからです。

特に次の14項目の中で当てはまるものがある人は要注意です。あなたもさっそくチェックしてみてください。

〈要注意項目〉

①やりたいことがない
②自分の将来のために何をすればいいのか分からない
③何事も短絡的に考えてしまう
④いつも途中で挫折してしまう
⑤正確な情報を得ることができない
⑥ケアレスミスが多い
⑦騙されやすい
⑧段取りが悪い
⑨気が利かない
⑩目先の利益にとらわれて損をする
⑪選択を間違える
⑫困ったとき、打つ手が考えられない
⑬落ち込んだとき、立ち直れない
⑭集中できない

これらは全て、「思考習慣」が身についていないことが原因で起こるものです。今はこうした問題が個人レベルにとどまらず、社会的な問題となって顕在化しています。

経済不況や少子高齢化社会、環境問題、教育問題を始め、身近なところで言えば仕事や人間関係のトラブルなどもそうです。

人は誰でも、大なり小なり問題を抱えています。それを解決する選択肢の中で、ベストな方法は誰にも分かりません。

だからといって、考えることをやめてしまったら、解決への道は閉ざされてしまうだけ。そこから一歩も先に進めなくなります。

今、「思考習慣」がない人でも、「考え続けること」に、年齢やキャリア、経済力、環境は関係ありません。考え続けるトレーニングをすれば、今からでも「思考体力」を鍛えて「思考習慣」を身につけることができるのです。

「思考習慣」を身につければ、あなたの将来は自分が望む人生に近づいていくでしょう。本書がその一助になれば幸いです。

西成活裕

第1章

「やりたいこと」を見つける 思考習慣

第2章

「やるべきこと」を考え続ける思考習慣

第3章

「情報」に惑わされない思考習慣

第4章

「ベストな判断」をする 思考習慣

第5章

「問題解決」のために発想する 思考習慣

第6章 「人間関係」で悩まない 思考習慣

第7章 「結果を出す」ための 思考習慣

プロローグ

まずは“7つの考える力”で「思考体力」を鍛える

どんな難問にも立ち向かって、解決策を導き出す力――。

こう説明すると、「思考体力」がものすごい才能のように聞こえるかもしれません。

しかし、身体的な体力に**「持久力」「反射力」「跳躍力」**などがあるように、**「思考体力」**も誰もが持ち合わせている7つの基本的な考える力で構成されているのでご安心ください。

内容は次の通りです。これら7つの考える力は、それぞれ前述した14この〈要注意項目〉の解決に役立ちます。

〈7つの考える力〉

①自己駆動力：能動的に考える力
②多段思考力：常にもう1段先を考える力
③疑い力　　：あらゆることを疑ってみる力
④大局力　　：全体を俯瞰（ふかん）して見る力
⑤場合分け力：物事を分類して選び取る力
⑥ジャンプ力：思考の階段を何段も飛ばす力
⑦微分思考力：物事を細分化して考える力

さっそく、1つずつ具体的に説明していきましょう。

「思考体力」全体図

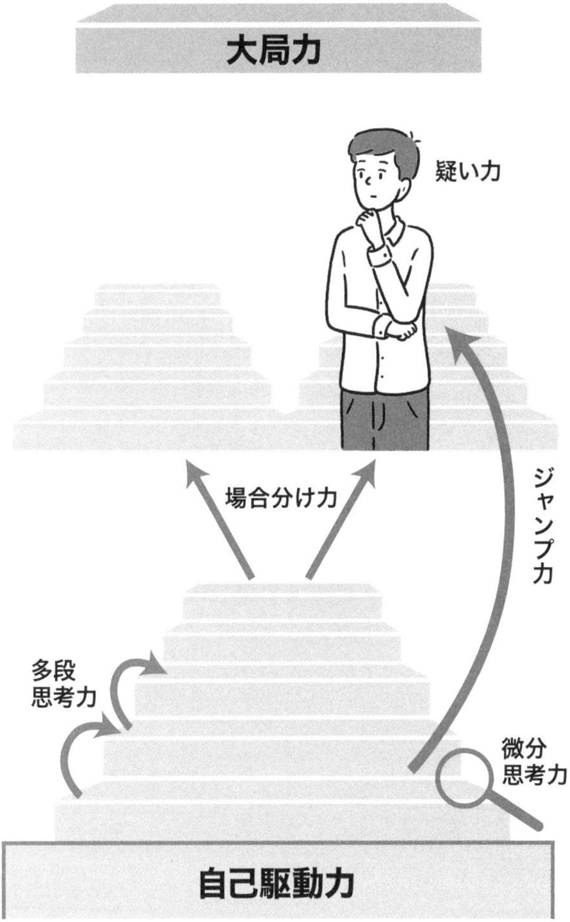
大局力
疑い力
場合分け力
ジャンプ力
多段
思考力
微分
思考力
自己駆動力

①自己駆動力

車のエンジンと同じように、自分で考えて動き出す力が「自己駆動力」です。これがなければ何も始まらない、**「思考体力」の原動力**となるもっとも大切な力と言ってもいいでしょう。

自己駆動というと少し難しく聞こえるかもしれませんが、この言葉は私の専門の「渋滞学」で、人や車など**「自らの意思で能動的に動けるもの」**を表す意味として、世界共通で使われています。

他人に言われて決めたことは、思い通りにいかなかったり、失敗したときに、**「自分が決めたことじゃない」**と言い訳をしたり、**「誰々のせいだ」**と責任転嫁しがちです。

しかし、自分で目標設定して、積極的に動いていけば、どんな難題にぶつかっても、「自分で決めたことだから」と覚悟を決めて乗り越えていけます。

自分がやりたいことは、集中して楽しんで取り組むことができますよね。

人生は長いドライブのようなもの。

他人からレンタルした車ではなく、自分の愛用車をガソリン満タンにして、まずは走り出すことが大切です。

やる気が出ない人やすぐに挫折する人は、「自己駆動力」を高める必要があります。

②多段思考力

自分で目標を立てたら、そこがスタート地点。「自己駆動力」で走り出したら、ゴールまで上っていきます。

ゴールはいくつかあり、**目標を達成する、問題の解決策を見出す、新たなアイデアを生み出す**など、その人が目指しているものによって変わります。

その過程において、「もういいや」「分からない」と投げ出したり、適当な妥協点を見つけるのは簡単です。

しかし、決して諦めることなく、**「もう1段先」「あともう1段先」**と考え続ける力が「多段思考力」。

「自己駆動力」がエンジンなら、こちらはアクセルを踏み続ける力。運動能力でいうところの**「持久力」**と同じようなものです。

粘り強く考える力があるかないかで、決めたことをやり抜けるかどうかが変わってきます。

何でもすぐ短絡的に考えてしまう人や自分で考える前に他人の意見や情報に影響されやすい人は、特に鍛えたほうがいい力です。

③疑い力

車のブレーキのように、思考のアクセルを踏みすぎないように、いったん立ち止まる力です。

自分が進んでいる方向が間違っていないか確かめるときにも必要

な力が「疑い力」です。

疑ったものに対しては、自分がやったことや集めた情報を振り返りながら正誤を確認して、精度を上げていきます。

「疑い力」があると、**ミスを防ぎ、よりよい選択肢を考えることができる**ようになります。

間違った情報に振り回されたり、旨い話や目先の利益に騙されるリスクも減ります。

失敗が許されない仕事に就いている人はもちろん、受験生や資格取得を目指す人など、数字で結果が求められる目標に向かって努力している人には不可欠。

ネット上の**玉石混淆の情報を見極めるためにも必要な力**です。

④大局力

人というのはどうしても目の前のことに気をとられがちです。

やるべきことに集中するのは重要なことですが、１つの「点」ばかり見ていると全体の「面」が見えなくなります。

そこで、**アリの眼のようにズームインして周りが見えなくならないように､鳥の眼でズームアウトして全体を俯瞰する力**が「大局力」です。

「大局力」があれば、今やっている物事の周辺を見渡して、その分野における立ち位置まで把握することができます。

全体の中で自分がいる場所が客観的に理解できれば、次に進む道や次に取るべき行動が見えてきます。

たとえるなら、カーナビや Google Earth のようなもの。

「大局力」には、空間全体を見渡す「周辺視野」と時間軸で考える「先読み」の視点があります。

「多段思考力」で1段ずつ思考の階段を上っていくことも大事ですが、時折この「大局力」で全体を俯瞰することで、より適切な判断ができるようになります。

「大局力」がなければ、何をするにも場当たり的で無駄な時間が多くなってしまう可能性があります。

⑤場合分け力

人生は日々、選択の連続です。

右へ行くべきか、左へ行くべきか？

あっちを選ぶか、こっちを選ぶか？

どんなときも、一本道で目標にたどりつけることはなく、必ず分岐点に出くわします。車の運転をしているときも、渋滞につかまりそうになったときは、一般道を走るか高速道路に乗るか、それよりも迂回して抜け道を選んだほうが早いか悩むことがありますよね。

仕事も同じで、**どのルートを選ぶかで、途中で見える景色や到着**

時間が変わります。

最適なルートを選び取るためには、分岐点で選択肢をきちんと分類・整理する「場合分け力」が必要なのです。

この能力は、「疑い力」を一緒に使い選択肢を増やすことで可能性が広がり、さらなる力が発揮されます。**重要な場面で決断を迫られても、正しい判断ができるようになる**でしょう。

⑥ジャンプ力

問題に直面したとき、誰にも打つ手がなく行き詰まっているような場面で、パッと解決策を提示できる人がいます。

このような人は、**思考を何段も飛ばして、全く違う角度から問題解決の方法を見出すことができる**「ジャンプ力」があります。

車でたとえると、電車やバスなど交通手段自体を変えてしまうような発想の転換ができるイメージです。

逆境に立たされたときは特に、**ピンチをチャンスに変えるような"ひらめき"を得る才能**が求められます。

八方塞がりになったときや想定外の事態に陥ったときも、「ジャンプ力」があれば**打開策を見つける可能性が高まる**でしょう。

⑦微分思考力

「微分」という言葉に対して数学のイメージをお持ちの方は多いと

思いますが、これは簡単に言うと「細かく分ける」ということです。

全体を見る「大局力」とは反対に、何がどうなっているのか理解しづらい物事を、**細分化して考える力**です。

階段を1段ずつ上っていくように考える力が「多段思考力」だとすると、「微分思考力」は段差の大きい階段の1段を数段に分ける、つまり**物事を分解して、構成要素を論理的に確認する力**です。

また、「多段思考力」において思考の階段の1段目の決め方にかかわる大切な力でもあります。

たとえば、「人工衛星を月に飛ばそう」という計画はいかにも壮大で難しそうに思えますが、やるべきことを**細分化してみると1つひとつは実現可能**です。

真空状態でも外れないネジを作ろう、遠隔操作できるカメラを作ろうなど、そういった細かいことを組み立てていけば、できないことはないのです。

どんなに複雑で難解な現象も、1段を10段、10段を100段と分解していけば、**単純なことの組み合わせ**だと理解できます。これが「微分思考力」です。

また、適切に段を設定すれば、途中で疑ったり、場合分けもしやすくなります。

トヨタ自動車も、カイゼンのコツとして「分ければ分かる」という標語を掲げています。

全体を眺めているだけでは気づかないことも、工場の各ラインでやっている作業を細かく分けて見ていくと、小さな単位の中では無駄が見えやすくなるという意味です。
「微分思考力」があるかないかで、**問題を解決できるかどうか大きな差がつきます**。

このように1つひとつの考える力は、どれも基本的なものばかりです。この7つの考える力は、それぞれ独立してはいますが、問題を解決するときにはいくつか組み合わせることによって、その効果が発揮されます。

つまり、どれか1つだけ身につければいいわけではなく、多少の得意・不得意があったとしても、意識的にそれぞれの力を身につける訓練をしたほうがいいのです。

普段から、この7つの考える力を意識して、物事を考え続ける思考習慣を身につければ、どんな悩みや困難をも解決することができます。

ではさっそく、日常におけるどのような場面で、どのように7つの考える力を組み合わせて活用すればいいのか、次章からお話ししていきますので参考にしてください。
そして、学んだことは今日からでも、すぐに実践してみましょう。

第1章

「やりたいこと」を見つける思考習慣

「思考習慣」を身につけて目標達成した私のケース

「今の仕事は自分に合っているのか？」
「これが自分のやりたいことなのか？」

　社会で働き始めた人にとって、キャリアにまつわる悩みは尽きることがありません。あなたも、**人生に迷いがある**からこそ、この本を手に取ってくださったのではないかと思います。

　大学で教壇に立っていると、

「やりたいことが分からない」
「やりたいことがない」

　という学生も増えているように感じています。

　では、やりたいことは、どのようにして見つければいいのでしょうか？

　私自身も、数理物理学者としてやりたいことを発見し、「渋滞学」を完成するまでには、思考習慣を身につける必要がありました。

　７つの考える力（思考体力）をどのように使い分けてきたのか、ここで簡単にお話しましょう。

　もともと私は流体力学を専門に研究していましたが、研究室に閉じこもるつもりはありませんでした。

なぜなら、自分の得意分野を活かして**「社会の役に立ちたい！」「世の中の人たちが困っている問題を解決したい！」**という思いがあったからです。

これが私にとっての強い動機で、「自己駆動力」としてエンジンがかかったわけですが、**やりたいことがあまりにも漠然としていました。**

そこで、「自分が得意なことを社会で活かすためには何ができるだろう？」と、考えるきっかけを探すため、社会問題と言われていることを思いつく限りノートに書き出してみたのです。

抽象的な事象を具体化するには、「微分思考力」が必要です。

「社会問題」と言われていることを細分化したことで、自分の専門分野と繋がる１つのテーマが浮かび上がってきました。

人や物の流れを悪くしている「交通渋滞」の問題だったら、数学や物理の理論や数式を当てはめて解消できるのではないか？

私自身も人混みや渋滞が大嫌いだったこともあり、このテーマを思いついたときは「これだ！」とワクワクしたことを覚えています。

「世の中の渋滞を解消する」という目標を定めると、さっそく「大局力」によって全体を俯瞰して、渋滞に関する研究を洗いざらい調べてみました。

すると、交通渋滞の問題は人口問題や環境問題に比べると、まだまだ遅れていることが分かったのです。
　地球上の人口が増え、経済も伸びていけば、車の利用者が増えることはあっても減ることはないはず。そのように、「大局力」によって先を見通すこともできました。

　また、既存の研究内容を調べていく中で、渋滞の原因や解決方法はどれも完全でないことも分かりました。
　このとき発揮したのが、
「渋滞の原因と言われている研究内容は本当に正しいのだろうか？」
「もっと効果的な渋滞の解決方法は他にあるのではないか？」
　と立ち止まって考える「疑い力」です。
　渋滞問題に関して当時「常識」とされていた説を全て疑ってみることで、さまざまなヒントを得ることもできました。

　次のステップは、「多段思考力」で論理を突き詰めていくことです。
「渋滞とはどういう状態のことを言うのか？」
「渋滞はどのような原因によって引き起こされるのか？」
　渋滞問題を解明するために、何百段、何千段という思考の階段を１段ずつ上り続けていく過程で、へこたれそうになったことは数え切れません。

　それでも諦めずに考え続けているうちに、渋滞の原因がいくつか分けられることが分かってきました。「場合分け力」の出番です。
　渋滞の原因を探りながら、「この場合はこの原因」というふうに「場合」の数を列挙していくと、何が一番の問題なのか明らかになってきて、問題解明までの最短コースを行くことができます。

そのあとも、**「もう、これ以上進めない……」**と思考の階段の途中で行き詰まってしまったことがありました。

研究を始めて４年くらいは、誰からも相手にされず、学会で発表する番になったとたんに会場から人がいなくなって、悔し泣きしたことも……。

その時期は完全にお手上げ状態で、まるで１人で暗いトンネルを歩いているような気分でした。

しかし、そのとき、全く新しい視点を与えてくれたのが**「アリの行進」**だったのです。

「アリはなぜ渋滞しないのだろう？」と気になった私は、さっそくその理由を調べて、渋滞しないアリの法則を人間界の渋滞に活かすことを思いつきました。

このひらめきこそ、「ジャンプ力」でした。

結果的に、フェロモン濃度の関係で仲間と一定の距離を保っているアリの生態をヒントにして、車間距離を40メートル以上空ければ自然渋滞は起こらないという結論を導き出すことができました。

これが「渋滞学」の成り立ちです。

あのとき、アリと渋滞を繋げる「ジャンプ力」がなかったら、「渋滞学」は今もまだ存在しなかったかもしれません。

思考習慣があったからこそ、新しい研究分野を開拓できたのです。

これは何も学問の世界に限った話ではありません。

新しいことを始めるときも、既存のビジネスを改革するときも、思考習慣は不可欠です。

別の言い方をすれば、思考体力を使って考え続けることなく進めた物事は、短絡的で詰めが甘くなりがちなので、失敗要因が多く含まれている可能性があるでしょう。

もちろん失敗が悪いとは言いませんし、失敗による学びも大事ですが、人生の時間には限りがあります。

目標に向かって最短距離を行くためには、「自己駆動力」「多段思考力」「疑い力」「大局力」「場合分け力」「ジャンプ力」「微分思考力」のどれも同じくらい重要な力なのです。

「好きなこと」と「人の役に立つこと」を掛け算する

すでに働いているビジネスパーソンにとって、まだ社会に出ていない学生の話は関係ないことのように感じるかもしれませんが、決してそんなことはありません。

特に、「自分がやりたいことは何か」を真剣に考えるタイミングは、高校や大学に進学するとき、そして就職活動を始めるときです。

私は今まで、全国の中学生・高校生・大学生のべ10万人以上に講義や講演をしてきました。その際、「やりたいことの見つけ方」についてアドバイスすることが多いので、ここでお伝えしましょう。

毎回、数百人の生徒たちを前にしゃべるのですが、最初はみんな、**「どうせ東大の先生の話なんて面白くないっしょ。つまらない話を1時間も聞かされるなんてムリ〜」**という顔をしているのです。

しかし、ある質問をすると目が輝き始めます。

「君たちが好きなものは何？　何でもいいから書き出してみてよ」

そう言って、紙に好きなものや好きなことを自由に書いてもらうのです。

「先生はドラゴンクエストっていうゲームが好きだった」「アニメ

の『宇宙戦艦ヤマト』も見ていたけど、知らないだろう？」と、自分の話もします。

すると、**「ドラクエならやったことあるし！」「戦艦ヤマトは知ってるよ」**など、さまざまな声が飛び交います。

そのまま、ああでもないこうでもないと、ゲームやアニメの話で盛り上がるのはよくあるケース。

「好きなものは特にない。なんにも興味がない」と言う生徒には、**「じゃあ好きな食べものは何？」**と聞いてみると、**「お寿司が好き」**などと返ってきます。

「何をしている時間が好き？」「何をしているときが楽しい？」と聞くと、「誰々の動画を見ているとき」「友だちとおしゃべりしていると楽しい」など。

どんな子にも、好きなものはありますが、普段は意識していないのです。

次に必ず、「もう１つ大事な質問をします。世の中の人が困っている問題にはどんなことがあるでしょうか？」と続けます。

すると、不景気の問題や環境問題、高齢化問題など、さまざまなことが出てきます。

「では、自分が好きなことを活かして、どういうふうに世の中の困り事を解決できると思う？」と聞き、いよいよ本題に入ります。

すると、「ゲームを好きな人が高齢者向けのゲームを作って、認知症予防に役立てる」「おしゃべりの好きな人が、カウンセラーの資格を取って悩んでいる人たちの話を聞いて助けてあげる」など、いろいろと出てきます。

そして、出てきた意見の共通点を考えてもらいます。

あなたは何が共通点だと思いますか？

それは、困り事を解決したときに、人から**「ありがとう」**と言ってもらえることです。

「人の役に立って、ありがたいと思ってもらえることをしたときにしか、きれいなお金はもらえない。それ以外のお金は汚いから、もらわないほうがいい」という話をします。

そして、**「みんなが好きなことが世の中に役に立てば、お金がもらえるかもしれない。どうすればいいか考えてみると、アイデアが浮かぶかもしれないよ」**と投げかけるのです。

何をすればいいか分からない、やりたいことがないと思っている人も、33ページのメモ欄に何でもいいので自分が好きなことを自由に書き出してみてください。

その中で、人の役に立つことや社会の役に立つことができないか考えてみると、意外な発見があるかもしれません。

仕事を通じて出会った一流の経営者や成功者と言われる人たちも、例外なく「好きなこと」と「人の役に立つこと」の掛け算が上手です。

「好きなこと」で「人の役に立つこと」をしてお金をたくさんもらえたら、これほど幸せな人生はないでしょう。

ですから私は、講演を聞いてくれた学生たちに、**「何年かかって**

もいいから、好きなことで人の役に立つことを考えてみよう。それが実現できたら幸せになれるぞ」といつも伝えています。

これは社会人になった人にも言えることです。

今の仕事で、**「好きなこと」**と**「人の役に立つこと」**が実現できていれば、大きな問題はないでしょう。

反対にもし、どちらかが足りなくて、不満や悩みが尽きない場合は、転職か副業を考えたほうがいいかもしれません。

一見、全く関係がないように思えることでも、それぞれの物事を「微分思考力」で細分化して、「多段思考力」で１つひとつ繋がる要素がないか考えてみると、意外な接点が見つかることがあります。

繋ぎ方がいくつも見つかったら、「場合分け力」でどの選択肢が最適か検討すればいいのです。

今まで、数多くの成功者に会ったり、本を読んで分かったことは、自分のお金儲けのためだけにやった仕事で幸せになった人は１人もいないということです。

人のためになること、人の役に立つことを仕事にする。

この思いが「自己駆動力」になっている人は、ものすごい馬力を発揮します。

間違った方向に進むこともありません。

あなたもさっそく、「好きなこと」と「人の役に立つこと」の掛け算の視点を持って、世の中を見渡してみてください。

「やりたいこと」を見つける掛け算メモ

●自分が好きなこと

1	2	3	4	5	6	7	8	9	10
例 おしゃべり									

× 上下を線で結んでみましょう

●人の役に立つこと

1	2	3	4	5	6	7	8	9	10
例 カウンセラー									

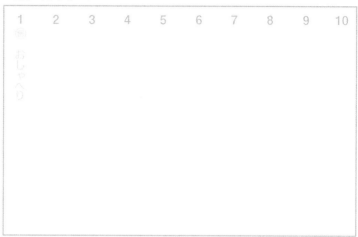

「強いこだわり」を原動力にする

トヨタ自動車の創業者、豊田喜一郎氏をモデルにして描かれたテレビドラマ『LEADERS』を見たことはあるでしょうか？

豊田さんは国産車への強いこだわりがあった方で、日本に輸入車が入ることに対する強い抵抗感から、トヨタ自動車を創業しました。**「世界が認める国産車を作りたい」**という豊田さんの熱い思いに共感した人たちも集まり、世界屈指の自動車メーカーへと成長を遂げていきました。

豊田さんの強い思いから生まれた「自己駆動力」は、周りの関係者の「自己駆動力」にも火をつけて、どんな困難も跳ね返していったのです。

「国産車が本当に好き」というシンプルな情熱が人を動かし、日本を変え、世界を変えた。

そのドラマに感動した私は思わず涙しました。

本田技研工業の創業者、本田宗一郎氏も同じです。

彼は**モーターバイクが大好き**でした。大好きなバイクの修理工場を作ったのをきっかけに、やがてオートバイの販売台数世界首位になる「世界のホンダ」を築き上げました。

「とにかく魚が好き」なさかなクンも、好きな魚を人生の研究テーマにした結果、東京海洋大学の名誉博士・客員准教授となりテレビなどで活躍しています。

好きなものは、何でもいいのです。

どうしようもなく好きなものがあれば、強力な「自己駆動力」になります。

好きな気持ちが強ければ強いほど、困難が降りかかっても負けることのない原動力になる。

「好き」という思いをかたちにして、何かを成し遂げようとするときも、やはり正解はありません。

自分がやったことがどんな結果を招くのか、それもやってみなければ分かりません。

だからこそ、途中で何が起きても原点に立ち戻って軌道修正できるように、**「自分が一番好きなこと」「実現したいこと」**を明確にしたほうがいいのです。

一方、最初は好きなことで目的を持って始めたつもりでも、途中でお金儲けが目的に変わってベクトルが狂っていく人が少なくありません。

「好事魔多し」と言うように、物事が好調に進んでいるときに誘惑や邪魔が入るのはよくあることです。その場合は、死ぬ間際に人生を振り返ったとき、後悔しない選択をしてください。

お金はもちろん、生きていくために必要なものですが、幸せはお金では買えません。

たとえお金持ちになったとしても、ただお金を稼ぐだけではなく、そのお金という「手段」を使って、何をしたかという「目的」に価値があるのです。

その信念を持って生きていれば、後悔は限りなく少なくなるでしょう。

「小さな目標」から「大きな目標」を立てる

「やりたいことは決まったけれど、どんな目標を立てればいいか分からない」という人もいるかもしれません。

目標を決めるとき、「何か高尚なことやすごいことを考えなければいけない」と思ったことはありませんか？

そういう人は、大きすぎる目標を掲げてしまって、挫折しやすくなる可能性大です。

「大きな目標にすると失敗する」

この言葉はどんなことにも通じます。

大きな目標を掲げること自体は、悪いことではありません。

たとえば、野球やサッカーが好きな少年がプロ選手を目指すのは自然なことですし、誰もその目標を否定することなどできません。

むしろ、大きな目標達成に向けた小さな目標をどれだけ細かく立てられるかが重要になります。

目標を大きくすると、なかなかたどりつけなくなるので、途中で挫折したり諦めたりしがちです。

そのため大きな目標を決めたら、それに伴う小さな目標をたくさん立てて、１つずつクリアしていくほうが現実的なのです。

つまり、大きな目標を**微分**していくのです。

大きな目標を立てると、そこに行くまでの道具も大きくなってしまうためなかなかたどりつきません。

しかし、小さな目標であれば、使う道具も小さくて簡単なものになるので、すぐにチャレンジすることができます。

小さな目標でも達成できれば自信がつき、大きな目標に近づいている実感も湧いてきます。

「科学者になってノーベル賞を取る」ことが大きな目標だとしたら、そのために**「まずは明日のテストで50点取る」**と決める。

50点が取れたら次は60点、70点……と目標を高くしていって、100点が取れたら次は学年テストで10位以内に入る。

そのあとは、ノーベル賞受賞者を輩出している大学受験の準備を始める。

このように、「多段思考力」と「微分思考力」で小さな目標達成を積み重ねていけば、やがてノーベル賞を取るというとんでもなく大きな目標も、リアルに感じられるようになるでしょう。

最初の目標をとにかく分かりやすくして、すぐに達成できるレベルからスタートする。これがポイントです。

「将来の大きな目標まで想像できない」という人は、**「身近な好き」**から入ってみてもいいでしょう。

私の大学のゼミにも、**「研究のテーマが分からない」「研究目標を何にすればいいか分からない」**という学生がいます。

そこで以前、アメフトが好きな学生に、**「アメフトのボールの回転についての研究はどうか？」**とアドバイスしたことがあります。

勉強もせずにナンパばかりしている学生には、**「どうすればナンパできる確率が高くなるかシミュレーションしてみてはどうか？」**と提案したことも……。

その学生は喜んでナンパの研究をして、とても興味深い結果を出しました。

どんなに些細(ささい)で、バカバカしいと思うようなことも、**「こんなこと人生のテーマにならない」「これはただの遊び」**と決めつけてはいけません。

花が好きなら、「庭に咲いている花を全部調べる」ことをまず小さな目標にしてみる。次に、町に咲いている花を全部調べてみる。

日本の花のことに詳しくなったら、「世界中の花を調べる生物学者になろう」「植物の種を守るために環境問題に取り組もう」といった目標ができるかもしれません。

見切り発車でもいいので動いていれば、次の目標は見つかるものです。

１つひとつ小さな目標をクリアするごとに、達成できた喜びと嬉しさが感じられれば、「自己駆動力」はどんどん加速していきます。

苦難の経験や鈍感さ……
「自己駆動」しやすい人の条件

人生には困難がつきものです。

私も50年ほど生きてきて、数え切れないほどの壁にぶち当たりました。

残りの人生も、まだまだ大変なことに遭遇するだろうと覚悟しています。

それでも、**「何があっても乗り越える！」**と大きな目標に向かって、「微分思考力」で小さな目標を1つひとつクリアしていけば、なんとかなります。

初めてそう実感したのは大学院時代でした。

自分から実家に「仕送りも学費もいらない」と宣言して、バイトをしなければ生きていけない状況に自らを追い込んだ私は、あっという間に極貧生活に陥りました。

お風呂は週1回。お弁当屋さんで賞味期限切れの弁当を分けてもらったり、そうめん一束で1週間を過ごしたこともありました。

家賃が払えなくなったときは、友人宅の倉庫に住まわせてもらったことも……。

それでも、**「自分で何とかする」「どうにかして食べていく」**という大きな目標を立てて、あれこれ工夫した生き抜く知恵（小さな目標）をクリアしたおかげで、極貧生活を過ごしながらも大学院を無事に修了することができたのです。

あのとき苦しい生活を経験したからこそ、どんな壁にぶち当たっても乗り越えられるようになりました。

これからもそれは変わらないだろうと思っています。

苦難を経験した人は、「自己駆動力」が養われます。

世の中で成功している人も、苦難を乗り越える強い「自己駆動力」があるからこそ、大きい目標を達成できるのです。

一方、これといった苦労も知らず、ちょっとした失敗や挫折でくじけやすい人や打たれ弱い人は、目標に向かう「自己駆動力」も弱くなりがちです。

根拠のない不安に苛（さいな）まれたり、他人からの評価を気にしすぎてなかなか前に進めないこともあるでしょう。

その傾向がある人は、少し鈍感になると前に進みやすくなります。

鈍感さの大切さを象徴する坂本龍馬の有名な言葉があります。

「世の人は　われをなにとも　ゆはゞいへ　わがなすことは
われのみぞしる」

（坂本龍馬『詠草二　和歌』）

人に何を言われようが別に構わない、俺がやることは俺にしか分からないのだからと腹をくくっているわけです。

この考えは、情報化社会の今こそ大切で、自分がやりたいことに対する人の批判をいちいち気にして不安になったり、悲観的になる必要はありません。

もちろん、信頼できる人からの批判には「疑い力」を持ちながら、まずは受けとめましょう。しかし、不特定多数の批判にはむしろ鈍感になって、楽観的でいることが大切です。

インターネットの世界では特に、無責任で根拠のない意見があふれています。

全てを真に受けていたら前に進めませんが、気にしなければ動きやすくなります。

間違ってもやってはいけないのが、自分に自信がないからといって、他人が立てた“借りものの目標”を目指すことです。

たとえば、あなたが農業改革の問題に取り組もうとした場合、大学の先生から「農業が今問題になっているから研究しなさい」と言われてやるのと、自分から「日本の農業はこのままではダメになる」と危機感を持ってやるのとでは、結果が全く変わるでしょう。

自分の思いに突き動かされて立てた目標には、情熱を持って主体的に取り組みますが、他人が立てた借りものの目標はどうしても他人事になり、モチベーションが大きく変わるからです。

これが「自己駆動」と「他己駆動」の違いです。

困難に直面したときも、**「自分が立てた目標なんだから絶対に達成したい」**という執念があれば、粘り強さやタフな精神力でクリアしようとします。

一方、他人が立てた目標だと、上手くいかなくなった途端に**「自分が決めたことじゃない」「あの先生が悪い」**などと他人のせいにし始めます。

自分が歩むべき人生なのに、他人が決めた目標を生きようとすると、そうなってしまうのです。

何でもそうですが、自分の中からあふれてきた熱い思いがあると、簡単にはくじけません。

どの目標に向かうべきか迷ったとしても、最終的に決めるのは自分です。

自分が決めたことなら、結果が出るまで努力し続けることができるのです。

失敗経験を積むと「やりたいこと」が見えてくる

私の教え子たちには、**「何をすればいいか分からない人は、３ヶ月くらい無駄になってもいいから何でも考え続けろ」**という話をよくしています。

そう言うと頭のよい学生は、将来、自分にとってメリットになるスキルは何かを３ヶ月間しっかり考えます。そして、その後そのスキルを身につけられる就職先を選びます。

反対に、３ヶ月間も考え続けられない学生もいます。彼らは、**「たくさん稼げてモテるから」**といった理由で、外資系金融会社やコンサルティング会社に就職するケースが目立つようになりました。

たしかに、20代であれば、「自己駆動力」だけで楽観的に考えて、失敗を恐れずにどんどんチャレンジすればいいと思います。

ただ、教え子たちを見ていると、年収や会社のブランドだけで就職先を決めた後者のタイプは、３年くらい経った頃に身体を壊して、「会社を辞めました」と報告してくる者が何人もいます。

話を聞くと、**「（外資系金融やコンサルティング会社で）顧客のことより会社の利益を優先して億単位のお金を稼ぐ仕事に、自己矛盾を感じるようになった」**と言う人も……。

だいたい３年くらい働いてみて、「疑い力」「大局力」「微分思考力」

で仕事について考え続けると、自分の選択が間違っていたことに気づく人が多いようです。

外資系に就職した教え子の中には、年収が５分の１のメーカーに転職しても、**「本当はモノ作りがしたかったので、こっちの仕事のほうが僕は幸せです」**と言ってきた男性もいました。

彼がそういうタイプであることは、在学中の頃から私も分かっていたのですが、外資系企業に就職することを、あえて止めることはしませんでした。

なぜなら、失敗も経験のうちだから。

失敗しなければ学べないことは、できるだけ若いうちにたくさん経験していたほうがいいのです。

特に、東大生は頭がよいだけに、失敗しないで順調にきている人が多いので、**「まずは好きにやってみろ。若いうちはどんどん失敗しろ」**と言って、自由にやりたいことをやらせています。

そうして、一度ガツンと痛い思いをすると、「ジャンプ力」で全く違う視点に立って、人生の目的や幸せについて真剣に考えるようになるからです。

たとえ、自分がやったことが失敗だったとしても、３年続けた経験は必ず自分のスキルになります。

また、失敗経験は、失敗したくてもできない年代になったときの宝物になります。

20代のうちはいくらでもやり直しがきくので、**「なんとかなるさ」**と思える楽観主義が許されると私は思っています。

むしろ、失敗しない道を選んだほうがいいのは、40代くらいからではないでしょうか。

もちろん、職業によってまちまちだとは思いますが、30代後半あたりまでに自分のスキルや経験値が積み上がってきて、次のフェーズに移行していく人が多いからです。

スキルも経験も豊富になってきた中堅社員で、日本企業より数倍給料が高い外資系企業に転職する人もいます。

しかし、海外の雇用形態はジョブ型が基本です。日本人の高い技術力を盗めるだけ盗んで2年ほどで契約終了というケースも増えているという話を最近はよく耳にします。

その場合、産業スパイとして訴えられたりしたら取り返しのつかないことにもなってしまいかねません。

これはレアケースではありますが、40代での失敗はダメージが大きくなりがちなので、より強い「疑い力」で慎重に物事を判断したほうがいいでしょう。

Column

「自信がない人」ほど伸びる可能性がある

「あなたは自分に自信がありますか？」と聞かれて、「自信満々ですよ！」と答えられる人はどれほどいるでしょうか？少なくとも私が知る限りでは、**自信がある人より自信がない人のほうが圧倒的に多い**ように感じます。

しかし、自信がないのは決して悪いことではありません。むしろ、自信がない人ほど「疑い力」が強いので、プラスに考えたほうがいいと思っています。

自分に自信がない人は、何をするにも**「これで大丈夫かな？」「この方法が正しいのかな？」**と慎重になります。

大学生時代に予備校教師のアルバイトをしていた際、一番偏差値が低い高校生のクラスを担当しました。

その中に偏差値40以下の高１の男子がいたので、なぜ勉強ができないのかよくよく観察してみると、数学でも物理でも**ボタンを掛け違えて誤解している**点が多かったのです。

本人は**「自分は勉強ができない。もうダメだ」**と思い込んで、自信をなくしていたのですが、あるとき

「なんか悔しい。みんなと同じ授業を受けているのに、自分だけなぜ偏差値が低いんだろう？」

と言い出しました。それは彼の「自己駆動力」から発せられた言葉で、**「同級生に負けたくない」「もっと勉強ができ**

るようになりたい！」という気持ちの裏返しでした。
私も人一倍負けず嫌いなので、彼の心境が手に取るように分かりました。もちろん、そのまま見捨てることなどできず、**「偏差値の一番高いクラスまでいって周りを見返してやろうじゃないか！」**と伴走することにしました。

高２になると、彼にマンツーマンで教えることも増えました。そのおかげもあって、彼が今までの勉強で掛け違えていたボタンを１つひとつ外し、丁寧に説明したところ、面白いように成績が伸びていったのです。
彼の最大の強みは、**「自分のやり方で本当に合っているのかな？」**と「疑い力」を使って、間違いに気づくようになったことでした。そして何より、**「他の同級生に負けるもんか！」**という悔しさをバネにした強い「自己駆動力」で、エンジン全開のまま勉強に取り組んだことが成績の伸びに繋がったのでした。

結果的に、偏差値40以下から約２年間で予備校のトップクラスへ上り詰めていった彼は見事、東大に合格し、現在は大学教授になっています。

「自己駆動力」さえあれば、自信がなくてもチャレンジすればいいのです。
「自信がないこと」イコール「できないこと」とは限りません。むしろ、「思考習慣」を身につけるいいチャンスだととらえたほうがいいのです。

第2章

「やるべきこと」を考え続ける思考習慣

「考え続ける人」と
「気合いでする人」はここが違う

目標が決まれば、あとはやるべきことをやるだけ。

そう思って、行動に移す人には、典型的な２つのパターンがあります。

それは、**考え続ける**か、**考え続けない**かです。

先日、その違いがよく分かる場面に遭遇しました。

「地域活性化のためにどうやってお客を呼び込むか？」という課題について議論をしていたときのことです。

話し合いの席にいた方々は、思考習慣がある人とない人に、はっきり分かれていたのです。

「エリアＡで新規開店した店舗にどうやって人を集めるか？」といった話題になったとき、思考習慣のない人は、「**分かった。俺に任せろ。お店の前で『いらっしゃいませ！』って大声で叫んでお客を呼び込むから**」と言います。

いわゆる、**「気合い系」の人**。

それを聞いた別の人は、全く違う話を始めました。お客がお店に入ってくる場合、次の３つの行動パターンに分けられると言うのです。

【お店に来るお客さんの行動パターン】

①情報収集をしてどこのお店に行くか探してから来た人
……情報収集タイプ

②たまたまお店の前を通りかかって、そのお店が入りやすそう、美味しそうと思って入って来る人……ふらっとタイプ

③前にお店に来たことがある人で、また行きたいと思ってくれたり、もらったクーポンを使うために来てくれる人……リピートタイプ

気合い系の人と比べると、「微分思考力」のレベルが全く違います。

さらに、お客を増やすために次のようなタイプ別の対策が必要だと説明され、「多段思考力」もあることが分かりました。

【お客さんを増やすタイプ別対策】

①情報収集タイプ……WEBアプリの開発とホームページへのアクセス数を増やす工夫が必要

②ふらっとタイプ……駅前でチラシを配ってお店の存在を知らせることが必要

③リピートタイプ……ポイントカードやクーポン、口コミ評価で割引するなどのサービスで顧客ならではのお得感を高めることが必要

こうしたマーケティング戦略を成功させるためには、インターネット上にあふれる情報の中でお店を検索してもらえる工夫や駅前のどこでチラシを配ればいいのかを見極める「大局力」が必要です。**「ふらっとお店に入ってもらうお客を増やすために、店構えやメニューは今のままでいいのか？」**といった「疑い力」で、ブランディングも考えなければいけません。

思考習慣があれば、やるべきことがこのように具体化するのです。

地域活性化のためにお客を増やしたいという目的は同じでも、呼び込みの１段しか手段を考えられない人と、客層別の対策まで数十段に分けて考えられる人とでは、結果的に大きな差が出ることは言うまでもありません。

身近なところで言えば、部屋の片づけも同じです。

物がごちゃごちゃ積み上がっている散らかった部屋は、ぱっと見ただけで片づける気などなくなるでしょう。

では、玄関だけ、廊下だけ、ベッドだけ……と**部屋の中を細分化**したらどうでしょうか？

そこだけならなんとかなるかも……という気になりませんか？

０か 100 か、白か黒かの２択で考えると、もう片づけは諦めて汚部屋に住み続けるか、業者に処分を頼んで新しい部屋に引っ越しするか、といった短絡的な発想になりがちです。

そんなときも思考習慣が身についていれば、「多段思考力」と「微分思考力」で１つひとつやるべきことを具体化して実行し、目標達成することができるのです。

今は何でも効率性を求める時代になっていて、「３日でできる！」「10分で分かる！」といったスピード重視の考え方が、一般的になっているかのように見えます。

しかし、**楽して覚えたものはすぐに忘れて記憶として定着しにくい**ことが、脳科学で分かっています※。

長い目で見ると、早く分かった気になっていることが増えれば増えるほど、時間を無駄にして損をしてしまっているとも言えます。

「急がば回れ」ということわざは、今の時代こそ重視すべきかもしれません。

なぜなら、本当に急いでいるときこそ、回り道するつもりで「思考体力」を使ってじっくり考え続ける必要があるからです。

あなたも効率ばかり気にして、本質を見落とさないように、物事を考え続ける思考習慣を身につけましょう。

※参考:『記憶力を強くする　最新脳科学が語る記憶のしくみと鍛え方』(講談社)

「多段思考力」で３段考えれば人と差がつく

経営者や私のようなその道のプロの例はともかく、**「自分は普通の会社員だけど、いったい何段くらいまで考え続ける思考習慣を身につければいいの？」**と思った方もいるかもしれません。

ビジネスパーソンや大学生、フリーランスの方は、何段くらい考えれば思考習慣が身につくのでしょうか？

電車に乗っていると、次のような光景に遭遇することがあります。

子どもがお母さんやお父さんに、**「なんで？　なんで？」**と聞くと、**「うるさい」「分かんない」**と答えて終わり……。

「多段思考力」で言えば、１段も考えていないケースです。

「うるさい」というのは、考えることを拒否しているので**思考力ゼロ**の状態。

他の場面でも、一般の人たちの会話を聞いていると、ほとんどが一問一答式で、「多段思考力」は１段か、せいぜい２段止まり……。

普段の生活の中でざっと見渡しても、あまり深く考えない人がとても多いように感じます。

もちろん、仕事の場面になると思考の段数が大幅にアップする人もいるでしょう。

それでも、「何でも早いに越したことはない！」とばかりに、本も読まず、よく調べもせず、人の意見を聞くこともせずに、早く答えを出そうとする人が少なくないように感じています。

まだまだ経験値が少ない人が考え続けることをサボってしまうと、10年後、20年後に、思考習慣がある人たちとの差が広がっていきます。

たとえば、明日締切の企画書を作らなければいけない場合。

インターネットで検索して付け焼き刃で考えてみたり、他社で売れている商品を参考にして、１～２段考えた企画をそれっぽい内容に仕上げて早めに提出する。

それとも、**「いやいや、ちょっと待てよ」**と思い直して、**「もっと面白い企画を考えてみよう」**ともう１段、あともう１段とギリギリまで考え続ける。

大抵の人は早く終わらせることを優先しがちですが、仕事ができる人はギリギリまで粘り強く考え続けます。

もっと言えば、普段からアイデアをメモしていたり、企画のストックを作っておいて、何度も熟考する思考習慣が身についている人のほうが、よりよい仕事を生み出す可能性が高まります。

そこで私は、どんなに忙しい人でも、まずは最低３段考える習慣をつけたほうがいいという話をよくします。

何でも３段まで考えられるようになれば、その後も３段ずつ分けて考えるようにしてみてください。そうすると、３段が１段くらいに感じられるようになり、思考の段数が増えていきます。

この感覚を私が実感したのは、渋滞学の数学の概念が難しくなってきて２～３年ほど苦労した時期でした。

考えに行き詰まったとき、あえて鈍くさい方法を考えて、これもダメ、あれもダメと失敗するパターンを場合分けしていったのです。

「微分思考力」で考えながら、「場合分け力」で探索していく感覚です。

失敗の数が増えれば増えるほど、消去法で考えられるようになるので、正しい方向の階段へ進んでいけるようになっていきました。

ですから、最初は間違いや失敗を恐れず、とにかく３段は考えて実行してみることが大事です。

失敗を恐れていると、なかなかそういう経験値が上がっていきません。

もし、どうしても自分で考えて実行できないのなら、最初は多段思考力の高い人の真似をして疑似体験してみるのも１つの方法です。

ビジネスの現場では、それをOJT（On the Job Training／実地訓練）として導入している企業も多くあります。

以前、銀行のOJTの話を聞いたとき、担当者は**「ベテランと新人の違いは、何を省略すればいいか知っているかどうかなんですよ」**と言っていました。

それは、「仕事の強弱」と言い換えてもいいでしょう。

まだ仕事を知らない新人は、1段1段じっくり考えて丁寧にやっていくから時間がかかってしまうけれど、経験豊富なベテランは省いていいところが分かるから仕事が早いわけです。

その担当者は「もちろん、じっくり考え続けることも必要だけれども、ある程度考え続ける訓練をして経験を積んだら、省き方を覚えるのも仕事です。そういうことを教えるのがOJTなんです」とも言っていて、たしかに「仕事の強弱」は大事だと再確認しました。

そのような「無形の暗黙知」は、どのような仕事にも必ずあります。言わば、多段思考の階段を上っていくノウハウのようなもの。

仕事ができる人は、その「暗黙知」をたくさん持っていて、階段を上るべきところと上らなくてもいいところを素早く見極める能力に長けているのです。

物事を「３つの要素」に分解して考える

AI の進化で社会が急変したり、世界中で自然災害が頻繁に起きるなど、この先どうなっていくのか全く予測できない時代になりました。

ビジネスの世界では、この状況を「VUCA の時代」**（Volatility／変動性・不安定さ、Uncertainty／不確実性・不確定さ、Complexity／複雑性、Ambiguity／曖昧さ・不明確さ）**と呼んでいます。

たしかに、変化が激しく不確実で複雑かつ曖昧な状況が、不安や混乱を招きやすいのは事実です。

しかし一方で、何百年、何千年経っても永遠に変わらないこともあります。

数学がまさにそうです。数学の世界に、古くなるという表現はありません。

4,000 年前も、今も、１＋１＝２ですし、これから先も数学で証明されたことは絶対に変わりません。

つまり私は、**何があっても、どんな時代になっても、変わらないものがあるということを知っている**人間なのです。

数学者がこの感覚を持つことはとても重要で、以前、ある経済学者の友人と議論をしたときも「西成との違いはそこだな」と言われました。

ビジネスや経済の世界にいると、流動化する社会でいかに溺れずにもがきながら生きていくかという考えになりがちです。

一方、我々数学者は、いつの時代も変わらない普遍的なロジックという背骨を持っていて、これは何があっても沈みません。

たとえば、「ａとｂが等しくて、ｂとｃが等しければ、ａとｃは絶対に等しい」という三段論法のように、変わらないロジックの背骨があれば、いちいち変化に振り回されずに真っ直ぐ立っていられるのです。

たとえば、AI の進化とともにパソコンも次々にバージョンアップして、**「新しい OS の使い方を勉強しなくちゃ」**と言っている人がいると、**「その前に、OS が変わっても変わらないベースにあるものを勉強したほうがいいですよ」**と伝えたくなります。

パソコンのベースというのは、OS とアプリケーションを繋ぐインターフェイスのファイルの出入力やデータベースのあり方など、システムアーキテクチャ設計と言われるものです。

OS がいくらバージョンアップしても、アーキテクチャの土台はそう簡単には変わりません。

変わらないものを勉強して理解したことが増えると、**「VUCA の**

時代でも変わらないものは何か？」という視点で社会に向き合えるようになります。

どんなに状況が変わっても常に確実なものに目を向けられる人が、最終的には成功を収めやすくなります。

なぜなら、物事が複雑になればなるほど、どれだけ単純化できるかが勝負を分けるからです。

物事を単純化するときには、「場合分け力」が必要です。

どんなに複雑に見えることでも、**大きく分けると実は３つの要素に分けられる**というケースが多いです。

これは物理の「カオス理論」を勉強するとよく分かるのですが、３つの要素が絡み合うと複雑な現象はいくらでも出てきます。

つまり、この先どんなに複雑な現象が起きても、それぞれをバラバラにとらえるのではなく３つの集合体に分けてみると、問題を単純化することができるのです。

２つだと単純化しすぎなので、基本は３つです。

今の国際情勢もそうです。中国とアメリカとヨーロッパの３つが主な勢力なので、複雑に見えるのです。

上場企業で働いている人の仕事を考えてみても、会社と社員、株主を含めた会社周りの３つの要素の組み合わせで成り立っているはずです。

このように、問題にぶつかったときは、まず大きく３つの要素に分解して、原因がどこにあるのか探っていくと解決策が見えやすくなります。

やりたいことも、複雑に考えるより単純化したほうが分かりやすくなります。
「この先どうなるか分からない激動の時代」と世の中が騒いでも、「複雑で分からないからもうお手上げ」となるのではなく、単純に自分が**「こうしたい」「これがやりたい」**と思ったことを場合分けして、できることから実現する方向に動いていけばいい。
もしも、途中で思った通りに進まなくなったら、やはり問題を3つの要素に分けて単純化したうえで原因を考え、軌道修正していけばいいのです。

時間軸で分けて「やりたいこと」を決める

目の前にいくつかの選択肢があった場合、どこに進めばいいか迷うことはよくあります。

それこそが人生の面白いところで、正解がない中から選んだ道を自分で正解にしていくことに醍醐味があるのです。

私がどこに進むか迷ったときは、それぞれの物事を時間軸で「場合分け」します。

１つは、２～３年でできそうなこと。

もう１つは、10～20年はかかりそうなこと。

このように、目標達成までにかかる時間が予想できると、大抵の人は短期間でできるほうを選ぶと言われています。

「明日の 100 より今日の 50」

未来などどうなるか分からないから早く確実に得られるもののほうがよいというわけです。

その気持ちはよく分かるのですが、「大局力」で考えると、短期間でできることだけを選ぶのは非常に危ないと私は考えています。

なぜなら、短期間でできることだけを繰り返しやっていると、上手くいったりいかなかったりするたびに一喜一憂して、振り回されて終わる可能性があるからです。

だからといって、長期スパンでしかできないことだけ選ぶのも高いリスクがあります。結果が出るまで時間がかかればかかるほど確実性が低くなり、すぐに収入が得られず生活できなくなるからです。

では、どうすればいいでしょうか？

私は、「短期：長期」を「7：3」もしくは「6：4」くらいのバランスで考えるようにしています。「5：5」になると不安を感じます。

時間のスパンは、「多段思考力」で何段くらい考える必要があるか、先読みして想定します。

中でも「渋滞学」は、人生をかけて研究するテーマと決めていますから、これからも何千段、何万段の思考の階段を諦めずに上り続けていきます。

他にも、地球環境や市場経済、人間のメンタル・幸せに関係することをテーマにしている人たちは、長期的な時間軸で考えることになるでしょう。

そういった難題を目先の損得を優先して無理矢理、短期的に解決しようとすると失敗します。

反対に、会社が1年以内に借金を返さないと潰れてしまうといった状況のときは、1年の時間軸でできることを微分して、1段1段早くクリアしていく必要があります。

経営が危うい状況で、「10年先を考えましょう」と言っても、それまでに会社がなくなっているかもしれません。

ただ、若い世代は短期間の結果ばかりに振り回されている人が多いと感じています。

すぐに結果を出そうとして、焦ってばかりいる人は、**「本当は何をやりたいのか？」**といった「自己駆動力」の原点に立ち返って、10～20年のスパンで目標を考えてみることをおすすめします。

短期と長期の2つの時間軸で、目標を達成するまでの自分のキャリアパスを「多段思考力」でプランニングしてみてください。

もちろん、2つのバランスが悪いと思ったら、その都度、軌道修正していけばいいのです。

自分の人生をいくつかのステージに分けて、時間軸で場合分けした目標を当てはめていくと分かりやすいと思います。

「目的」と「手段」をはき違えない

私自身、**「世の中のさまざまな渋滞を解消して、多くの人がもっとハッピーになることができないか」「得意の数学や物理を活かして、もっと人々の困り事を解決する方法はないか」**と、今もずっと考え続けています。

だから、**何を見ても渋滞に見えます**。そのおかげで、2019年にも1つの成果を出すことができました。

今、化石燃料に代わる燃料としてバイオエタノールが注目されています。

バイオエタノールの製造過程では、セルロースという成分を分解する必要があるのですが、その際に使うセルラーゼという酵素が上手く分解してくれないという話を聞いたのです。

さっそく調べてみたところ、セルラーゼの分子が渋滞していることが分かりました。

「渋滞を解消してセルラーゼを元気にしてあげれば、バイオエタノールをもっとスムーズに作ることができる」と考えた私は、セルラーゼの大きさを変えることで渋滞を解消する方法を共同研究者とともに見つけて、物理学のトップジャーナル誌『Physical Review Letters』に発表しました。

自分の専門とは関係のない農学の分野に関する論文ですが、おかげさまで世界的に高い評価を得ています。

何を見ても渋滞に見えるのは、渋滞の解消で世の中をよくしたいという「自己駆動力」がベースにあるからです。

さらに「ジャンプ力」で発想の転換をすれば、自分の得意分野を応用できることはいくらでもあるのです。

綺麗事に聞こえるかもしれませんが、渋滞を解消することでコンサル費用をたくさんもらおうというようなお金儲けには一切興味がありません。

それどころか、ときには無料で渋滞の相談に乗って問題解決しています。そうしたときでも「ありがとう」と言ってもらえるだけで幸せな気分になれるのです。

私にとっては、渋滞を解消して人が喜んでくれることを実現するのが目的で、「渋滞学」はその目的を果たすための手段にすぎません。

仕事はあくまでも、人生の目的を達成するためのものです。

そういう考え方が幸せの大前提なのです。

ところが、**手段が目的になっている人が多い**と感じています。

たとえば、2019年から厚生労働省が「働き方改革」の構想を打ち出しました。

この標語を掲げた途端、経営者も働く人たちも「働き方改革」しなければいけないという意識が強まりました。

「何のために働いているのか？」より、**「どうすれば働き方を変え**

られるのか？」を重視する人が増えたと感じているのは、私だけではないでしょう。

「働き方改革」が目的になってしまうと、それを果たすための手段が仕事になりかねません。

しかし、いくら働き方が向上したところで、仕事を通して幸せを感じられなければ、本末転倒になってしまいます。

あなたはいかがでしょうか？

「目的」と「手段」をはき違えていませんか？

もしもその根本的なところが間違っているようであれば、「自己駆動力」までさかのぼって考え直してみる必要があるかもしれません。

「自分は何をやりたいのか？」

「何のために今の仕事を選んだのか？」

という原点まで立ち返ってみると、「こんなはずじゃなかった」と気づくこともあるでしょう。

「大局力」で自分がやっている仕事を俯瞰して見たり、何が目的で何を手段（目標）として考えているのか「微分思考力」で整理してみるのも１つの方法です。

「給料がいいから」

「安定している会社だから」

「成長企業だから」

といった理由だけで仕事を選んでも、「目的」と「手段」をはき違えていれば、**「幸せになりたい」「成功したい」**など人生の目的を果たすことには繋がらないのではないでしょうか。

「社会の役に立ちたい」という目的を持つ人はたくさんいます。しかし、それを果たすための手段は人それぞれです。

私のように、渋滞解消を手段にしている人もいれば、環境問題対策のためにプラスチックのゴミ削減に尽力している人もいます。

人の困り事や不便を解消するサービスを提供している人もいれば、人に喜びや幸せを与える仕事をしている人もいます。

目的さえしっかり定まっていれば、手段がどんなに変化しても方向性がぶれることはありません。

まずは、その軸足をきちんと定めることが大事です。

「人生の目標」から逆算して考える

思考体力を使っていろいろとちゃんと考え続けたいけれど、日々忙しくて、何でも「なんとなく」しか考えられないまま終わってしまう……。

そういう悩みからなかなか抜け出せない人がいます。

そんな場合はまず、自分はどんな人生を歩みたいのか、1時間でもいいので、いったん立ち止まって考えてみることをおすすめします。

20代だったら、30代の自分はどうしていたいのか？

30代だったら、40代をどう生きたいのか？

自分が目指す理想像を思い描いて、その理想を実現するためには、何をすべきか逆算して考えてみてください。

「仕事だけじゃなくプライベートも楽しみたい」という人なら、仕事や時間、お金、仲間との付き合いのバランスをどう考えればいいのか、「場合分け力」と「微分思考力」で細分化してみる。

どのパターンだったら実現可能か検討して、やるべきことを書き出してみる。

子育て中で、**「子どもが成人するまでは教育費がかかるから、そのあと自分がやりたいことをやろう」**という人なら、かかる教育費を調べて、今の収入や預貯金、株式投資などで足りるのかどうか考える必要もあるでしょう。

子育てが終わったあとに必要な自己資金をどうやって形成すればよいか、「多段思考力」で計画を立てましょう。

ただ漠然と、**「いつかプライベートも楽しみたい」「子育てが終わったら自分の好きなことをしたい」**と思っていても、それまでにやるべきことを準備しなければ、**「いつか」は永遠に来ない**かもしれません。

たった一度きりの人生を、理想の「絵に描いた餅」で終わらせないためには、**「キャリアプラン（仕事の目標に向けた計画）」「キャリアデザイン（仕事とプライベートを含めた人生設計）」**のゴールから逆算して考える必要があります。

その際に駆使すべき力が、思考体力なのです。

・「人生をどう生きたいか？」を考える……自己駆動力
・人生の目標を達成するまでにやるべきことを考える……多段思考力
・やるべきことが本当に合っているのかを検討する……疑い力
・「自分の考えは世の中的にはどうなのか？」と俯瞰して見る……大局力
・このパターンだったらこうしよう、別のパターンだったらこうしようと、いくつかのパターンを想定しておく……場合分け力
・全く違う視点で考えてみる……ジャンプ力
・自分で考えたことを細かく分析する……微分思考力

これらの思考体力を使って、人生の目標達成にやるべきことを考えて実行していけば、その場限りの人生や行きあたりばったりで流されるだけの人生に区切りをつけることができます。

新型コロナウイルスによる世界的なパンデミックで、今ある仕事が明日もあるとは限らない現実を、私たちは目の当たりにしました。**「自分もいつ無職になるか分からない」**と危機感を覚えた人もいるでしょう。

コロナ禍を機に、社会人の学び直しが当たり前の時代になっています。

人間というのはもともと、**「まあ大丈夫だろう」「なんとかなるさ」**と思いやすい、正常性バイアスを持った生き物です。新型コロナのような外的要因によるピンチが訪れて初めて、自分のキャリアパスを考えざるを得なくなった人もいるかもしれません。

いずれにしても、大手企業のリストラや倒産がめずらしくない今の時代、どんな職業に就いていても、自分の人生プランを真剣に考えたほうがいいのは確かです。

今日と同じような日が続くとは限りませんし、人生は過去の延長線上にあるとも限りません。

そのことを自覚すると、逆算して考えることの必要性に気がつくはずです。

理想の「キャリアパス」に必要なことを洗い出す

今やるべきことで精一杯で人生のプランまで考えられない。

そういう人はまず「キャリアパス」を考えてみるといいと思います。

「キャリアパス」とは、直訳すると「経験を積む道」のことです。

あなたは今の仕事で、どんな経験を積んでいるでしょうか？

自分の人材価値を高めていくためには、これからどんな経験を積み、どんなスキルを身につけるべきか、その道筋を考えて実践しなければいけません。

私が、東大の教員面接をするときや博士課程の学生の学位審査をするときも、最初に必ず「キャリアパスを考えていますか？」と聞いています。

キャリアパスを考えることは、今後のために今何をすべきかを具体的に考えることです。

これから社会に出る人も、すでに社会で働いている人も、自分の経験やスキルがどんなキャリアに繋がるのか、将来に向けてどんなスキルを身につけるべきか、計画的に考えて動かなければいけない時代になっています。

言い換えれば、**「私、何でもやります！」「何でも頑張ります！」**と気合いだけでアピールしても通用しなくなったということ。

「あなたは何ができるんですか？」と聞かれて即答できる経験やスキルを少しずつ積み重ねていくことが大事なのです。

たとえば、私の研究室に応募してくる学生には、**「統計解析用ソフト SPSS が使えます」「データベースの構築ができます」**などといった IT スキルを持った人が多くいます。

テレワークが広がったのを機に、働き方は大きく変わりました。

タイムカードで出社時間と帰社時間を管理するのではなく、**「この仕事をやってくれれば、いつどこで何時間働いてもいい」**という、**「ジョブ型」**の働き方も増えています。

実際、日立製作所も資生堂も、従業員の一定数を「ジョブ型」の人事制度や人材マネジメントに移行することを決めました。KDDI は新人事制度で「ジョブ型」人材マネジメントを導入しました。

こうした動きが広がると、プロジェクトを成功させるために必要な人材を集めて、プロジェクトが終わったら解散……という働き方が一般的になる可能性があります。

ジョブ型雇用は、欧米ではすでに一般的で、社員の年齢や勤続年数に関係なく、その人自身の実力・経験・スキルが重要視されます。

そのため欧米では、求職時や人事評価の際に、自分ができる業務内容や難易度、スキル、実績などをまとめた「ジョブ・ディスクリプション（職務記述書）」が用いられます。

以前、私の研究室にも海外の人から応募があり、約2ページにぎっしり「ジョブ・ディスクリプション」が書き込まれていました。

どのプログラミング言語ができる、といった分かりやすいものもあったのですが、**「人材トレーニングのメンターになれる」**というようなよく分からないことまで書き込んであるのが面白いと思いました。

物は言いようで、**「部下に的確なアドバイスができる」「カウンセラーになれる」**など、今まで経験したことがあれば、スキルとしてアピールするのも1つの手です。

採用が決まって、いざ本当にやることになったら、本気でスキルを磨けばいい。そのくらい強気で考えて、何でもチャレンジしたほうが経験を積めます。

日本でもこれから同様の動きが広がっていくでしょうから、**「スキルがない人は仕事がなくなる」**と覚悟して、「キャリアパス」を真剣に考えてください。

具体的には、英会話力をもっと磨いてビジネス英語も話せるようになる、Excelのスキルをもう1〜2段階高めるなど、**今の自分ができるところから何でも取り組めばいい**のです。

そのスキルを活用して、1つでも2つでも実績を積み重ねていけば、**「自分はこういう仕事ができます!」**と自信を持って言えることが増えていくはずです。

スキルがある人とない人は、仕事から離れたあとの自由に使える

「可処分時間」をどう使うかで差がつきます。

可処分時間に、スマホやタブレットで動画を見たり、ゲームばかりしていても何も身につきません。

同じ時間に対面授業でネイティブと英会話のレッスンをしている人に比べたら、歴然とした差がつくでしょう。

休みの日にゲームばかりやっている人は、プログラミングを勉強して自分でゲームを作ってみたらいいのです。

小学生から高齢者まで、自分でアプリを開発している人も世界中にたくさんいます。

社会で求められている価値あるものは何か考えて、自分ができそうなことはどんどん実践していく。

そのようにスキルや経験を積んでいけば、人材価値は高まっていきます。

Column

数学で「論理的思考」を鍛える

思考習慣は、「自己駆動力」「多段思考力」「疑い力」「大局力」「場合分け力」「ジャンプ力」「微分思考力」の思考体力を使って考え続けることだとお伝えしてきました。

つまり、思考習慣を身につけるには、思考体力を鍛える必要があるのです。日常生活の中で、意識的に思考体力を鍛えることもできますが、より早く鍛えるためには「数学」が有効です。

特に、**文章問題**は思考体力を鍛えるのにとても役立ちます。

問題の全体像をつかむためには「大局力」、答えが合っているかどうかを確かめるためには「疑い力」を使います。さらに、「微分思考力」を使うことで答えのフィードバックができ、答えがおかしいと思えば再び問題に戻れます。答えの予測を立てるときは、関数や方程式を使って「多段思考力」を使って考えていけば、確実性を高めることができます。

たとえば、「リンゴが５つあります。犬がリンゴを２つ食べました。猫はリンゴの隣にあったミカンを１つ食べました。残りのリンゴはいくつでしょう」という問題があります。

「大局力」を使うと「残りのリンゴの個数を答えればいいんだな」ということが分かり、「疑い力」を使うと「猫が食べたのはリンゴだったか？　いや、ミカンだった」ということが分かります。

さらに、「微分思考力」を使うことで、「残りのリンゴは２つだと思ったけれど、リンゴが５つ、犬がリンゴを２つ、猫はミカンだから……」と答えの見直しができます。

また、「場合分け力」を鍛えるのなら、組み合わせの問題や確率・統計の問題を解いてみましょう。

たとえば、**「新宿から渋谷まで行くルートは何通りありますか？」**といった問題です。JRで行くこともできますし、時間が許せば歩いていくこともできます。

このようにさまざまな選択肢を列挙することで、「場合分け力」を鍛えることができるのです。

さらに、「ここからここまでの道筋は正しい」と証明できるのが、数学の「定理」です。

たとえば、直角三角形の２辺の長さが分かれば、残りの長さを求められる「三平方の定理（ピタゴラスの定理）」などがあります。

数学で一度証明された定理は、1,000～2,000年経っても全く揺るぎません。定理を知っているだけで、思考の階段を飛ばして一瞬でゴールに到達できることもあるのです。

日常生活においても、**「こうなったら確実にこうなる」**

という定理をたくさん知っていると、さまざまな問題に対応できます。

「雨の日の翌日は除湿剤が売れる」

「気温が15度以下になると鍋物が売れ始める」

「気温が22度以上になるとビールが売れる」

「気温が27度に上がるとアイスクリームが売れる」

これらも、「お天気マーケティング」と呼ばれている1つの定理と言えるでしょう。

こうした定理は、経験値によって身につきます。人間の行動に何か決まったルールはないか、観察したり、調べたり、分析したことはありますか？

普段から、仕事やプライベートで役立つ定理を探しながら世の中を見渡してみると、面白い発見があるかもしれません。

不安定な時代ほど、確実なものは何かを考えてみる。そういうところに目を向けられる人が結果を出せるのです。

思考体力を鍛えるには、中学入試で出題されるレベルの数学の問題がおすすめです。問題集を1冊買って、少しずつ解いてみると思考の変化に気づけるでしょう。

第3章

「情報」に惑わされない思考習慣

思考が単純化する「タブロイド思考」をやめる

考えることが面倒くさい人は、問題が起きても適当に判断して、早く落としどころを見つけようとします。

こういうタイプは、「タブロイド思考」と言い、複雑なことを一切考えない頭になっている可能性があります。

タブロイド紙というのは、普通の新聞よりも少し小さめの、駅の売店などで売っている新聞のことです。

大きな文字のセンセーショナルな見出しが特徴で、世間で話題になっていることを1～2段くらいで分かりやすくまとめています。

このように、情報発信者が背景などを省略して短くまとめた文を正しい情報としてそのままインプットしてしまうのが、「タブロイド思考」です。

「多段思考」や「微分思考」とまるで正反対の「単段思考」と言ってもいいでしょう。

たとえば、リーマン・ショックの引き金となった「サブプライムローン」が話題になったとき、一般の新聞では、経済学者のインタビュー記事や論説を載せたりして何段もスペースを使い、サブプライムローンが起きた原因を分析しました。

一方、タブロイド紙の場合は、「Aという金融機関の会社役員が何十億もの報酬をもらっていた」といった見出しになるような言葉だけで短くまとめてしまいます。

難しく複雑な背景はざっくり省略したり、簡略化して、１つか２つの事実を伝えるだけで終わってしまうのです。

すると、読み手は予備知識もないままに「そうなんだ」と一部の表面的な記事を納得して受け入れ、分かった気になってしまいます。

しかし、世界に衝撃を与えた歴史に残る金融危機問題が、そんなに単純であるはずがありません。

スマホでニュースのヘッドラインを読んでいるのも、テレビのテロップを見るのも単段思考。

内容も確かめず、見出しや結論だけ見て事実だと受け取るのは、判断を人任せにしているのと同じことです。

恐ろしいことに、**「単段思考」に慣れた人は、その単純な考え方が当たり前**になっていきます。

複雑なことを考え続けずに物事を単純化してしまうと、大事なポイントが分からないどころか、誤解が生じる場合もあります。

たとえば、あなたの部下のＡさんがいつもミスばかりしているとします。

単純思考の人は、**「Ａさんの性格が大雑把だから、この仕事には向かないんだ。異動させたほうがいいだろう」**と考えるかもしれません。

しかし、それはあまりにも軽率な考えというものです。

自分の指示の出し方が悪いのかもしれないし、Ａさんは他の先輩からも仕事を頼まれていてオーバーワークになっているのかもしれません。

ミスが多いとひと口に言っても、原因はいろいろと考えられます。

単段思考で判断することで、Ａさんの人生を左右することにもなりかねません。

物事が重大なときほど、慎重に「多段思考」で考えて判断する必要があるのです。

単段思考をやめる方法の１つとして、プログラミングがおすすめです。

プログラミングは、コードを１つでも間違えたらバグが出てしまいます。バグは、コンピュータプログラムの欠陥です。バグが発生するとプログラミングが止まり、先へ進めなくなります。そのため、どこが間違っているのか必ず確認して、バグを取り除くバグ取りをしなければいけません。

つまり、プログラミングをすると、バグが発生するたびに問題点へ立ち返り、**「なぜ間違えているのか」「どこを間違えているのか」**を考えることができます。バグ取りを繰り返すと、大事なポイントを見極めるいい練習になるのです。

自分が正しいと思うことをやっているつもりでも、人間は必ずと言っていいほど、どこか間違っているものです。

「事実」と「意見」を分けて考える

ここで1つ、あなたに質問です。

「AIに仕事を奪われる」「AIに人間が負ける」といった話題がメディアで取り沙汰されたとき、あなたは**「ヤバいな。自分は大丈夫かな?」**と思ったでしょうか?

それとも**「そんなわけないでしょう?」**と、少しでも疑ってみたでしょうか?

前者は、人の意見をすぐに信じてしまう時点で、思考体力ゼロです。

一方、後者は「疑い力」がある点で、思考体力の第一段階をクリアしています。

大事なのはそのあとで、**「AIに仕事を奪われる」という情報の事実確認を行ったかどうか**です。

次のステップで、「事実」と「意見」を分けて考えられる人は、「疑い力」があり「微分思考力」を使える人です。どこまでが「事実」でどこからが「意見」なのか、判断するためにエビデンスを確認します。

「意見」は誰でも自由に言うことができるので、簡単に信用してはいけませんが、「事実」は疑いようがありません。

専門家の研究データなどをリサーチして、エビデンスを確認した人だけが、AI が人間と同じ思考ができるようになるのは到底無理なことだと分かるのです。

AI には限られた処理能力しかないため、現実に起こる状況（フレーム）全てに対処することができません。これを「フレーム問題」と言います。

たとえば、「職場の飲み会で新人は入り口近くに座る」ということを多くの人が社会人のマナーとして知っています。

こうした暗黙のルールは膨大にありますが、人間は成長の過程で少しずつ覚えていくことができます。しかし、AI はこれらのことを逐一教えなければ状況に適した対応ができないのです。膨大な情報を AI に教えるためには、莫大な時間が必要になります。

人間と同じ思考を必要としない機械的な作業であれば、ロボット化が進む可能性は確かに高いでしょう。

しかし世の中には、人間でなければできない仕事がまだまだたくさんあります。

AI の話を例に出しましたが、私が本を書くときも**エビデンスに基づいて考えているかどうか**意識しています。

なぜなら、「事実」なのか「意見」なのか分からない箇所があると、必ず校正者から「この話のエビデンスは何ですか？」と質問が入るからです。

その場合、**「あの本に書いてあった」「あの論文の研究内容が参考**

になるはず」と該当する資料を探し出して、エビデンスとなるデータを提示します。

これが1人でできるようになると、「疑い力」が格段に鍛えられます。

あなたも、「疑い力」を持った校正者がいつも頭の中にいると思って、「事実かどうか」を確認する習慣をつけてみてください。

論文をチェックしているときのポイントも、「事実」と「意見」を分けて考えているかどうかです。

「こういう事実に対する自分の意見はこうだ」と、読んだ人にもその違いが分かるように説明することが、科学者の第一歩。

そういうトレーニングを積んでいない人の論文は、「事実」と「意見」がゴチャゴチャになっていて読む気さえしません。

「事実」と「意見」を分けて考えるには、たとえば、「10の思い込みを乗り越え、データを基に世界を正しく見る習慣」というサブタイトルがついている『ファクトフルネス』（日経BP社）のような本を読んで訓練してみるのもいいでしょう。

教育や貧困、環境、エネルギー、医療、人口問題などの最新の統計データが掲載されているので、事実を知らないまま誤解や勘違いをしていたことがいかに多かったか気づくはずです。

事実に基づいた判断をする動きは、政府のほうでも進めています。

2017年には、「EBPM」**（エビデンス・ベースト・ポリシー・メ**

イキング／証拠に基づく政策立案）を推進することが決まりました。**「今まで事実に基づかずに政策を決めていたんですか？」**と、ツッコミの１つも入れたくなりますが、見方を変えればそれだけ**「意見」だけでは許されなくなってきた時代の象徴**とも言えるでしょう。

「意見」だけでも許される仕事は、テレビのワイドショーに出ているコメンテーターのように、主観的な意見を求められる特殊なケースだけです。

ビジネスにおいては、個人の主観や意見だけで安易に物事を判断しないよう気をつけましょう。

「常識」や「一般論」を疑う

「事実」を重視しない人の１つの特徴として、「常識」にとらわれやすい傾向があります。

たとえば、経営上の問題が生じたとき、経営コンサルタントに相談する経営者は少なくありません。

経営コンサルタントは経営のプロであると一般的に思われているため、彼らにアドバイスしてもらえば業績が上向くだろうという「常識」にとらわれている人が多いのでしょう。

しかし以前、ある会社の幹部からこのような話を聞きました。

その会社の工場で不良品が大量に出るようになったときのこと、自分たちで調査してもなかなか原因が特定できず、経営コンサルタントに原因究明から改善策の提示まで依頼することにしたそうです。

すると、経営コンサルタントが出した結論は、「設計プロセスに問題がある。三次元 CAD を導入すべき」というものでした。

不良品が大量に出るのは、設計変更を頻繁に行う会社でよく起こるケースですから、事前に三次元 CAD でバーチャルの製造シミュレーションをすればミスが防げるというわけです。

たしかに、この提案は一般論としては正しいように思えます。しかし、三次元CADの導入には数千万円かかります。

そこでこの会社の経営者は「疑い力」を発揮して、コンサルタントの話を鵜呑みにせず、もう一度原因を徹底調査するために不良品を全部チェックしました。

「場合分け」と「微分思考」を十分に使って、入念な事実確認を行ったのです。

すると、不良品のほとんどは設計変更とは関係なく、過去のミスを繰り返していたことが原因だと分かりました。

要するに、過去にミスをした人の失敗経験が、他の人たちに上手く伝わっていなかったため、同じミスが繰り返されていたわけです。

またその部署では、ミスをしたときのデータがしっかり整理されておらず、後継の担当者が同じミスを繰り返していたことも分かりました。

極めて初歩的な伝達ミスが原因で、設計変更は全く関係なかったのです。

そもそもこの経営コンサルタントは、問題の工場に一歩も足を踏み入れていませんでした。机上の空論で、書類を見ただけで三次元CADの導入を提案してきたのです。

以来、この会社では、経営コンサルタントを全く信用しなくなったとのこと。そして、**「常識で判断するのではなく、事実で判断しろ」**という教訓を会社全体で活かすようにしました。まさに、トヨタが重視している**「現場・現物・現実」**の三現主義です。

もう１つ、私が聞いたエピソードを紹介しましょう。

あるメーカーが日本国内での物流を効率化したいと考え、経営コンサルタントに相談しました。

すると、「まずは大型物流センターを設けて商品を集約し、そこから細かく地方で配送する」という業界によくあるケースを改善策として提示されたのです。

先ほどの三次元CADの導入と同様に、物流センターの設置にも多額の費用がかかります。

この会社は、仕方なく大金をかけて物流センターを作ったところ、在庫の山が増えて大赤字となり、倒産寸前まで追い込まれてしまいました。

この場合、物流センターを作ること自体は悪くなかったのですが、そのあとの管理方法まで教えていなかったことがコンサルタントの過失でした。

管理方法まで会社は分からなかったため、結果的に工場で作った製品が物流センターにどんどん溜まっていったのです。

結果的に、棚卸しをして大赤字に気づき、「ジャンプ力」を使った発想で思い切って物流センターを閉鎖したところ、経営を立て直すことができたそうです。

その会社の幹部は、「コンサルなんかに相談しなければよかった。言われた通りにしなければよかった」と、ひどく悔しがっていました。

「疑い力」があれば、そこまで大きなダメージを受けることはなかったでしょう。
たしかに、物流の効率化を図るうえで、物流センターは役に立ちます。実際、物流センターを設けて、効率化に成功している企業もあります。
今では、物流センターで一括して在庫をマクロに管理し、そこから消費者のもとまでミクロに配送していく方法は、メーカーを経営する人たちの常識になっているのは間違いありません。

しかし、その方法を成功させるためにはノウハウが必要です。
１つひとつの商品調達・製造から消費者のもとへ届くまでの情報を全て把握できるくらいのネットワークを築かなければ、物流センターを活用した効率化は難しいのです。

この２つの事例を通じて学ぶべきことは、相手がどんな専門家であろうとも、**「言われたことは鵜呑みにするな」**ということです。
経営に一般論はありません。他の企業で上手くいったことを真似しても、自分の会社で上手くいくとは限りません。
万人に効く特効薬がないのと同じで、人間も仕事も、原因究明はまず自分で徹底的に事実を調べるところから始まります。
「他人の改善策は分かったが、自分だったらどうすればいいか？」「自分の会社にはどんなやり方が適切か？」と全て「自分事」に置き換えて考える習慣を身につけましょう。

「数字」や「データ」の カラクリを見抜く

あなたは数字に強いほうですか？

「いや、あんまり自信がないなぁ」という人は、ここから先の話は特に重要ですから読み飛ばさないようにしてください。

「エビデンスは大事」と前述しましたが、出所や集計方法が不明な数字やデータを安易に信じると、間違った情報に騙されることがあります。

8年ほど前に、私が経験した例を紹介しましょう。

「LED電球」の広告に「普及率が70%近くになっています」というキャッチコピーがありました。それを見たとき、70%という大きな数字から、電球の大半がLEDになっていると錯覚しそうになったのです。

しかし当時、周りを見渡しても、LEDが使われているところはほとんどありませんでした。そのため、「疑い力」が働き、**「何かおかしいぞ？」**と思いました。

そこで、「普及率70%」という数字がいったいどこから出てきているのか調べたところ、**販売金額ベースで67%**でした。

LED電球は白熱電球より30倍ほど高い値段のため、金額だけで

「70%近い普及率」とうたっていたわけです。
「普及率」と言われたら、一般的に数量ベースで考えてしまいがちですが、実際、使用されているLED電球の数量の割合を調べたら27%でした。
この数字なら実感としても納得がいきますが、27%では宣伝効果が期待できないと思ったのでしょう。
そこで広告を打つ側に都合良く、数字のカラクリを利用して、さも電球の大半がLEDに切り替わっているような印象を与えたかったのだと思います。

他にも、農林水産省が発表している「食料自給率40%」は誤解を招きやすいデータです。
この数字に危機感を覚えて、**「日本の食が危ない」「食料を輸入できなくなったらおしまいだ」**と思っている人も多いのではないでしょうか？

しかし、一般で使われている「食料自給率40%」という数字は、「カロリーベース」で計算したものです。
たとえば、2017年の食料自給率である38%※で計算してみましょう。
1日1人で摂取する食べ物が全部で2,445キロカロリーだった場合、このうち国産の食べ物の摂取カロリーは2,445 × 38%、つまり約929キロカロリーになります。

※出典：「日本の食料自給率」農林水産省

一方、この年の食料全消費量は16.6兆円で、国内で生産された食料の生産額は10.9兆円ですから、「生産額ベース」で計算した食料自給率は、10.9兆円÷16.6兆円となり、約66%です。

生産額ベースで計算してみれば、日本の食料自給率は決して低くないことが分かると思います。さらに、他国のほとんどは、生産額ベースで食料自給率を発表しています。

このように数字を見るときは、データの出所や集計方法を確認して真実を突き止める「微分思考力」が大事です。

「食料自給率40%」という数字には、もう1つ注意点があります。

この数字は、米や野菜、肉、果物など、あらゆる食料をまとめた「平均値」なのです。

米は97%ですが、大麦は9%、大豆は6%です(2018年)。

しかも食料の中には、主食もあれば嗜好品に近いものもあり、同じ100グラムでもカロリーを見ると、高いものもあれば低いものもあります。

それらをひっくるめて平均値を出したところで、何の意味があるのか、分からなくなります。

このように、平均値という指標は、注意しないと無意味な場合が少なくありません。

もしもあなたが、**「このクラスのテストの平均点は50点」**と聞いて、**「平均的な生徒が集まった集団かな」**と思ったら、かなり騙されやすいタイプだと思ったほうがいいでしょう。

なぜなら、**「超天才と勉強を全くしない生徒ばかりのクラス」**で、0点と100点の人が半々の集団でも、平均点が50点になるからです。

そのため、平均値というのはドングリの背比べの集団を表す指標としては適していても、0点と100点など著しく離れた異常値にある集団では意味を持たないのです。

極端に違う値を含む集団の傾向を、より正確に知るためには、「中央値」という指標のほうが参考になります。

これは「メジアン」とも呼ばれ、成績の一番上から最下位まで順番に並べたときの中央の値です（95ページ）。

100人の集団の50番目の人の点数を確認すれば、集団におけるだいたいの傾向をつかむことができます。

投資の話でも、**「我が社では平均値何%のリターンを出しています」**などと言われたら、私のように数字に敏感な「疑い力」のある人間は、**「平均ほどあやしいものはない」**と考えます。

ハイリスク・ハイリターンの商品で運良く儲かっただけで、大半の商品はたいしたリターンがない可能性もあるからです。

そういうときは必ず、**「統計分布はどうなっていますか？」「メジアンはいくつですか？」**などと聞いて、全体の傾向を確認するようにしましょう。

メジアンでデータの傾向をつかむ

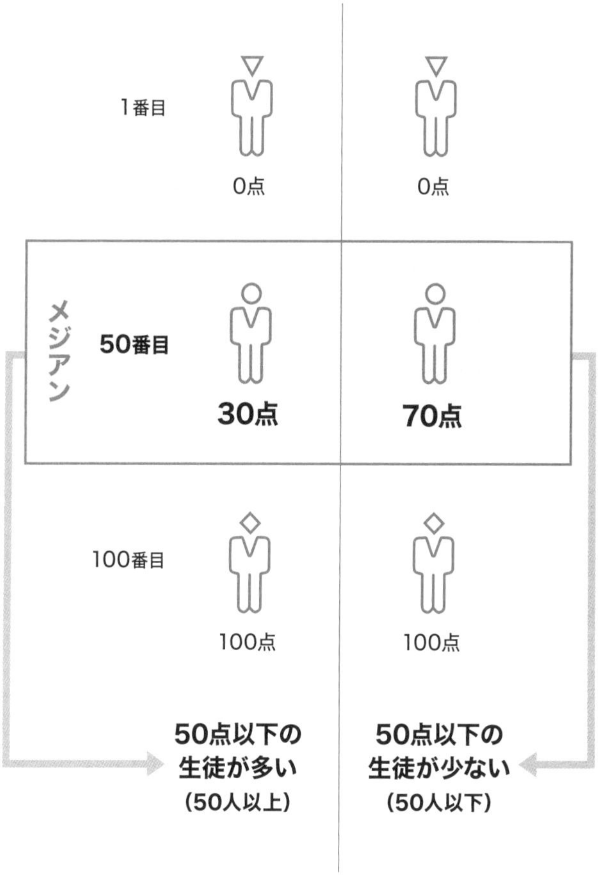

「質の高い情報」を集めて本質をとらえる

「ここぞ！」というとき、驚くほど的確に本質をとらえる人がいます。

経営者にも、スポーツ選手にもいますし、プロ棋士もそうでしょう。

以前、経営学者の野中郁次郎先生とお話ししたときも、感動したことがありました。

野中先生は、知識マネジメントの生みの親として知られる経営学の大家なのですが、とても気さくな方で、あるとき難問をぶつけてみたのです。

「AIが話題になっていますが、AIにできなくて人間にしかできないものって何でしょうか？」

すると野中先生が、**「簡単だよ。共感だよ、共感」**とおっしゃったのです。

この“共感”という言葉1つで瞬時に本質を言い当てたとき、ものすごく広い「大局力」を感じて、やはり野中先生は偉大だと改めて尊敬しました。

野中先生は、国内外さまざまな企業の研究を積み重ねてきました。

そのような取り組みをしていると、企業経営に関する貴重な情報がたくさん集まってきます。

その中で、西洋の企業が文章や図表、数式などを使って説明や表現ができる知識の「形式知」を重視するのに対し、日本の企業には「暗黙知」重視の文化があることに着目しました。

日本企業の強みは「形式知」と「暗黙知」を上手く連動させて経営している点だとして、それを理論化した「SECIモデル」を提唱されたのです。

そうした功績を踏まえた広い見識によって、「共感こそが人間の強み」だと即答できるのでしょう。

どんな分野でも、その第一線で活躍している人には、インターネットで検索しても出てこないような現場の声や一次情報がたくさん集まってきます。

経営者が集まる会に行くと、**「実はね」「ここだけの話だけど」**といった裏話も出てくるので、お互い貴重な情報交換の場になります。

私もたまにそういう集まりに顔を出して、他の参加者とトイレで一緒になったりすると大変です。

気がつけば10〜20分話し込んでしまうことも……。

信頼できる情報を多く知れば知るほど、何が嘘で何が真実か、考え続ける思考習慣が身についていく。

だから、「大局力」で本質をとらえる能力も優れていくのです。

教え子にも、**「インターネットに載っていない情報が集まる人間になりなさい」**という話をよくしています。

以前、私が半年間にわたって大学で授業をすることになったとき、**「この授業では、インターネットで検索しても載っていないことし**

か話しません」と説明したら、登録者数が一気に100人を超えました。

頭のよい学生は敏感で、自分で勉強すれば分かる授業には興味を示さなくなっているのです。

本に書いてあることは、本を読めば分かる。

インターネットに載っている情報は、インターネットを見れば分かる。

だったら授業では、どこでも手に入らない情報を与えることにこそ意味があると私は思っています。

質の高い情報にたくさん触れることが、この複雑な社会で本質を見抜く眼を養うことに繋がるのです。

第4章

「ベストな判断」をする思考習慣

AIが真似できない人間の「直感」を鍛える

たとえば、私が自分の本をバラバラの地域に住んでいる3,000人に配ることになったとします。

どういう順番で配るのが一番早いか、AIに分かるでしょうか？

答えは、ノー。**AIに配送順序の正解は分かりません。**

これは専門用語で「巡回セールスマン問題」と呼ばれているもので、コンピュータを使っても数百年以上はかかります。

しかし、配送の経験を積んだプロフェッショナルの人間の中には、「経験と勘」によって、どういうふうに配送すれば一番ロスが少ないかおおまかに分かってしまう人がいるのです。

荷造りのプロである引っ越し業者も同じです。

部屋の中にある荷物をぱっと見て、全部入るのが２トン車なのか４トン車なのか、瞬時に分かる人がいます。

これも、専門用語で「箱詰め問題（ビンパッキング問題）」と言い、配送順路と同じように数え切れないほどの組み合わせ方があるので、AIが数百万年かけても解けない問題です。

しかし、組み合わせをいちいち考えなくても、部屋の中を見た瞬間に「大局力」で全体と本質をとらえることができるのが、人間が持っている究極の才能なのです。

「勘」と言うと第六感のように思われがちですが、もっと分かりやすく言い換えると「直感」です。

この直感を鍛えるためには、思考体力を使いながら場数を踏むことが大事です。

「若いうちの苦労は買ってでもせよ」と言われるように、早いうちから１つでも２つでも経験値を増やしていけば、理屈で考えなくても判断できる感覚が磨かれていくはずです。

私の知人にも、直感がずば抜けている人がいます。

社員は数人しかいない中小企業の社長なのですが、経営にかかわる重大な判断を迫られたとき、ほぼ直感で答えを出すのです。

以前、その会社が経営しているお店の売上が絶好調になり、5,000万円の借金をしてでも２店舗目を出すべきかどうか悩んだ際、その社長は「今はやっちゃいかん」と現状維持に徹しました。

それから２年後、商品の売れ行きが悪くなり、「あのとき新しい店を出さなくてよかった」とその社長は言っていました。

こういった話は、他にもたくさん耳にします。

では、本当に100％直感で判断しているのかと言うと、そういうわけではありません。

その社長も、適当に直感で決めているように見えたのですが、実はものすごく緻密な論理で「場合分け力」を発揮していたのです。

それが分かったのは、彼がメモを書き続けてきたノートを見せてもらったときでした。
「すごい！　こんな細かいことまで考えているのか！」とびっくりするほど、「多段思考力」「場合分け力」「大局力」「微分思考力」によってさまざまな可能性を全てノートに書き留めていたのです。

そこには、マインドマップ®というツールを使ってある事柄から連想されることを次々と書き出されていました。
これは、英国の教育者トニー・ブザンが開発した思考技術です。連想した言葉をどんどん書き出し、因果関係で繋げていきます。
マインドマップ®を使って、多段で繋がっている因果関係を見抜ければ頭の中を整理することができます。
彼のノートに書かれたあらゆる事柄に対するマインドマップ®を見て、**「このようにさまざまな可能性を洗い出していれば直感で適切な判断ができる」**と感嘆しました。
そのような考え続ける訓練を繰り返してきたからこそ、重大な決断を迫られたときも、迷わず決めることができるのでしょう。

直感は誰にでもありますが、「精度の高い直感」は一朝一夕では身につきません。
やはり普段から、物事を多角的にとらえ、メモを取ったり振り返ったりしながら、思考習慣を身につけることを意識しなければならないのです。

「些細な変化」を見逃さない

絶対に見逃したらいけない大事なポイントに気づく人は、**「些細な変化」**に敏感です。

私が改善活動に参加した工場で、こんなことがありました。

そこでは流れ作業で椅子を作っている工場で、椅子の背板をガチャッとはめる人、脚をつける人、肘掛けをつける人などが一列になって、それぞれの作業をしていました。

その日もいつものように作業が進められていたのですが、あるベテラン職人が**「お前、今日は何か変だと思わないか？」**と新人に話しかけていたのです。

声をかけられた新人は、**「そうですか？　ちゃんといつもの手順で椅子に背板をはめていますよ」**と答えたのですが、ベテランは**「そうじゃない。右のほうから聞こえてくる音がいつもと違うんじゃないか？」**と言って、改めて耳を澄ませているのです。

新人は自分の手元の作業で精一杯なのか、何の変化も分からない様子でした。

それでもベテラン職人は、何かおかしいと確信したようで、「今の作業、全部ストップしろ！」と周りに指示しました。

さっそく調べたところ、流れ作業の最初のラインで使用している機械が故障していて、次々と不良品が作られていたのです。

そのため、いつもは「ギーコギーコ」と音がするのに、「カーコカーコ」と違う音が出ていたのでした。

ベテラン職人が、目の前の仕事ばかりに気をとられることなく「大局力」で些細な変化に気がつかなければ、不良品を大量生産してしまうところだったのです。

私もドイツにいた頃、似たような経験をして命拾いしたことがあります。

友人の車で高速道路をドライブしていたとき、エンジン音が普段と違う気がしたのです。

「今日、この車の調子おかしくない？」と友人に聞くと、**「そんなことないよ」**と気にも留めない様子。

しかし、どうしても何かがおかしいと感じたので友人を説得し、高速道路をいったん降りて近くの修理工場で調べてもらいました。

すると、タイヤ近くのシャフトに大きなヒビが入っていたのです。

もしそのまま走っていたら、途中でシャフトが折れてタイヤが飛び散り、大惨事を招くところでした。

この２つの事例に共通するのは、「普段と違う」ことに敏感でいること、おかしいと思ったことがあればどんな些細なことでも「疑い力」や「大局力」などで原因を確かめていることです。

仕事上、些細な変化に早く気づく能力が求められる職業は、たくさんあります。
　たとえばサービス業です。お客様第一の仕事は、全体を見渡す「大局力」、本当にお客様に満足いただけるサービスかどうかを考える「疑い力」、こういう場合はこういう対処をしたほうがいいとパターン化する「場合分け力」などが必要です。

　以前、講演の依頼を受けて仙台にあるホテルに滞在したとき、支配人さんが次のような話をしてくれました。
「ビールやお水を欲しがっている人は、プロが見るとすぐに分かります。すると、『お水をください』と言われる前に注ぐことができる。そういうプロの接客係が多いと、お客様にも満足していただけます」

　言われてみればその通りで、私が今まで利用してきた「一流」と呼ばれるホテルやレストランでは、「お水をください」「お茶のおかわりをください」と、こちらからお願いしたことはほとんどありません。
　お客様をもてなすサービス業では、徹底して全体を見渡し、目配りする「大局力」を鍛え、飲み物１つでも些細な変化を見逃さないような教育がなされているのだと感心しました。

　人間関係においても、相手の些細な変化に気づかず後悔することがあります。
　テレワークに移行してからオンライン会議での雑談をなくし、仕事の話だけをしていたのですが、あるとき研究室の一員が何の前ぶれもなく突然辞めたのです。そのとき、私は非常に驚きました。オンラインで顔を合わせていただけなので、些細な変化に気づくことができていなかったからです。大学の廊下ですれ違ったときなどに少しでも対面で話をしていれば、些細な変化にも気づいたのではないかと後悔しました。

それ以来、オンライン会議で用件だけで話を終わらせずに、フリートークできる時間を取って、各メンバーの些細な変化を見逃さないように意識するようになりました。

他にも、自分自身の体調でも些細な変化に気づく人と全く気づかない人がいます。

「ちょっと胃の調子がおかしい」と思ったときも、**「まあたいしたことないだろう」と放っておく人**と**「そういえば最近同じような症状が続いているな」と心配して医者にかかる人**がいます。

見逃してはいけないことに早く気づくのは、もちろん後者で、寿命も違ってきます。命にかかわる病気でも、早く治療すれば治るケースは山ほどあります。

このように、仕事でもプライベートでも、普段から些細な変化に敏感でいることが、問題の早期発見、早期解決に繋がっていくのです。

何よりも「場合分け力」を鍛える

判断に迷うときにもっとも役立つ思考体力は、「場合分け力」です。

たとえば、選択肢がたくさんあって、考えを整理したいとき、一番有効なのは、小学校で習った「集合論」の活用です。

「集合論」を使った場合分けで分かりやすいのは、**「Mutually（お互いに）、Exclusive（重複せず）、Collectively（全体に）、Exhaustive（漏れがない）」**の頭文字を取った「MECE（ミーシー）」を使った分析方法です。要するに、**「漏れなく、ダブりなく」**ということです。

これはもともと、経営コンサルティングの分野で使われている概念で、主にマーケティングで用いられます。

たとえば、年齢や性別、職業の有無など、完全に分類できる項目で集合体を分けると、ダブりがなくなります。

しかし、日本のエリアを**「九州、関西、奈良、京都、近畿……」**という分け方をするとどうでしょうか？

奈良や京都は関西でダブりがあるので、正確な判断ができません。

「労働者、学生、無職」という分け方も同じです。働きながら大学に通っている人もいるので、ダブってしまいます。

新商品を企画する場合でも、**価格や機能、販売対象**といった項目を細分化してMECEによって分類し、競合商品との差別化を図る活用法もあります。

これは「場合分け力」の基本中の基本で、仕事に限らず、趣味でも、勉強でも、ありとあらゆることに応用できる便利な方法です。

食べ歩きが好きな人は、MECEを使って今まで行ったお店を**「味、価格帯、雰囲気、接客、清潔感」**などで分類してみると、自分がどういうポイントで満足しているのか、好きなお店の条件が明確になります。

すると次からは、その条件を満たしていると思えるお店中心に選んで行けば、満足できる可能性が高くなるでしょう。

営業職の方だったら、自分の顧客をMECEで分類分けしてみると、面白い発見があるかもしれません。

全く違う場合分けの方法に、前述したマインドマップ® もあります。

頭の中でモヤモヤしていたり、漠然としか分からなかったことを、思いつくまま言葉にして、見落としがないか確認しながら、選択肢をどんどん増やしていくことができます。

課題を解決するためには、比較検討できる材料がなければ、適切な判断ができません。そのため、マインドマップ® を使って、考えられる選択肢をいったん全て洗い出してみるのです。

MECEの4パターン

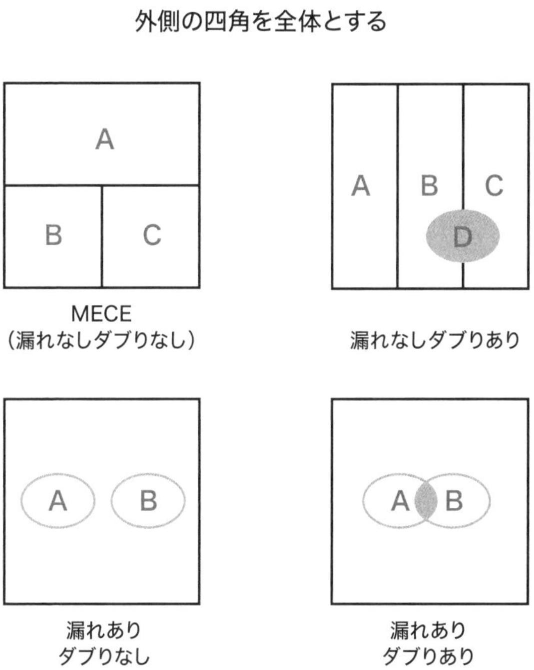

（引用：『MBA100の基本』東洋経済新報社）

たとえば、**「いじめはなぜ起きるのか？」**という問いに対する答えを考えるとき、最初は「同情心の欠如」くらいしか思いつかないかもしれません。

そこで、次に**「なぜ同情心の欠如が起こるのか？」**を考えてみます。

すると、**「家庭での教育」「友人と遊ぶ時間の不足」**などと、思い当たる理由が数珠繋ぎに出てくるはずです。

「場合分け力」を身につけ、正しく選び取るようになるためには、注意を払えることも必要になってきます。

ここで簡単なテストをしてみましょう。

右ページのイラストを３秒間見てください。

では、質問です。

右ページのイラストの中で、今あなたが覚えている食材で料理を作るとしたら、何が作れますか？　考えてみてください。

……

………

さて、何を作ることができたでしょうか？

覚えている食材は人によってそれぞれ違います。

つまり、その人が覚えている食材は、それだけ注意して見ていたということです。

その数が多ければ多いほど、選択肢が多いと言えますし、反対に

3秒

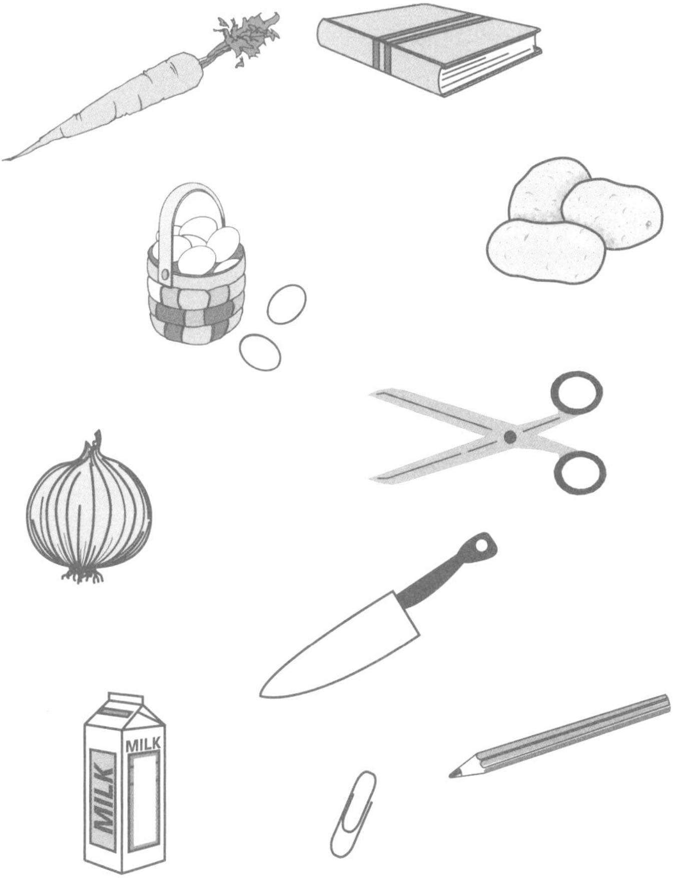

覚えている食材の数が少ない人は、作れる料理も限られてしまう可能性があります。

たとえば、じゃがいもと卵を覚えていたら、ポテトサラダと答えられます。じゃがいもとにんじん、玉ねぎを覚えていたら、カレーやシチューと答えられます。

このように、注意を払える対象が多ければ多いほど、得られる選択肢も増えるのです。

もう１つどれほど注意を払えているかが分かる問題があります。

右のページの問題をさっそく解いてみてください。

……

………

いかがでしょうか？

たいていは「不正解」の図のように線を結んで、家の形になった時点で完成だと思ってしまいます。

では、「正解」の図を見てください。実は、「不正解」の図には結んでいない線が２本あるのです。

大抵の人は何かを見落としてしまうため、普段から意識して注意を払うことで、選択肢を見落とさない訓練をしたほうがいいでしょう。

問題　a〜eまでの５つの点があります。
全ての点と点を線で結んでください。

答え

不正解

これで正解だと思って
しまう人が多い

正解

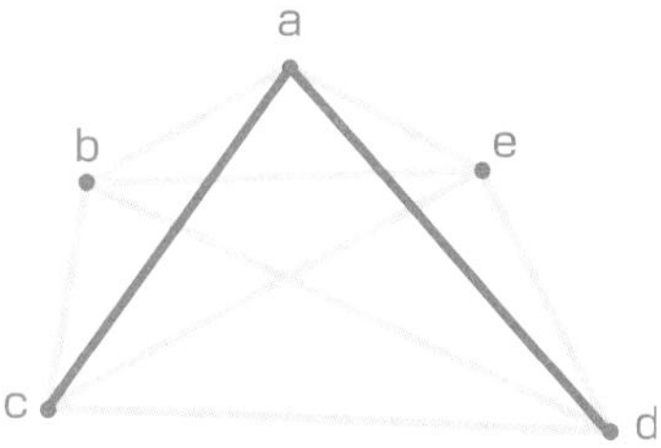

本当はacとadの線も
結ぶのが正解

日常生活の中で、意識的に注意を払える方法もあります。

たとえば、誰かの机の上や何かの景色を見たとき、パッと目をつぶってみてください。

そこで、目をつぶったまま向きを変えて、自分が覚えていることを全部書き出してみるのです。

何度か繰り返すうちにより集中したり、より注意を払えるようになっていくでしょう。

「場合分け」のポイントは、情報量の多さです。

私自身も、学生を連れて工場見学に行ったときなど、説明を聞きながらちょこちょこと他のところもチェックするようにしています。

「あそこにある機械は、どういう機能があるのですか？」などと質問すると、質問タイムがより有意義になって得られる知識も増えるからです。

こういうときは「大局力」の出番です。目の前のことだけでなく、周辺視野から多くの情報を得ることを、普段から意識しましょう。

「場合分け力」で選択肢を全て洗い出す

選択肢がいくつかあって迷ったとき、自分にとって「ベストな選択」や「正解」を選ぶためにはどの思考体力が必要でしょうか？

まずは、ケースごとに応じて考える「場合分け力」でよりよい選択をすることができます。

ある事柄において、自分にとってベストな選択をしたいときは、まず選択肢を洗い出しましょう。そのためには、次の３つの手順を踏みます。

1. できるだけたくさん選択肢を列挙する
2. 各選択肢について予測を立てる
3. それぞれのメリットとデメリットを書き出す

では、それぞれについて説明しましょう。

まず、「できるだけたくさん選択肢を列挙」します。

たとえば、取引先の広告代理店から自社の商品の広告案を３パターン提案されたとしましょう。

どれを選ぶかで、商品の売上は大きく変わることが予想されます。

このとき、選択肢は本当にその３つでいいのか、「疑い力」で考えてみることを忘れないでください。

提案されたのはあくまでも広告代理店のアイデアです。その中にベストな選択があるとは限りません。

選択肢を列挙する際に注意すべき点は、「定義をはっきりさせ、きれいに分けられるものにすること」です。

つまり、広告であれば、「場合分け力」を使ってそれぞれをコンセプト別に分けてから、選択肢を考えたほうがいいでしょう。

他にもたとえば、**「関西方面に営業をかける」**といった場合、「関西方面」の定義は曖昧で人によって異なることもあるため、選ぶ際に疑問が生じてしまいます。

「微分思考力」を使って、**「大阪、京都、兵庫」**のように県別で分けたほうが分かりやすいのです。

「関西と奈良に営業をかける」などと２つの場合分けをすると、奈良は関西に含まれるので、MECEができていません。

選択肢を列挙する際に、もう１つ意識してほしいのは「諦めないこと」です。

10の選択肢があったとして、「試してみたら全部ダメだった」ということもあるかもしれません。

しかしそこで諦めず、他の選択肢がないか「多段思考力」で考え続けることが大事です。

「思考は無限」です。限りなくいろいろなことを考え続けられる限り、選択肢も無限にあると思って考えてみてください。

２つめの「各選択肢について予測を立てる」は、特に重要な物事を選択するとき、慎重に行ったほうがいいでしょう。

仕事で重大な決断を迫られたとき、

「Ａの選択をしたら１年後はどういう展開が予想されるか？」

「Ｂの選択をしたら３年後はどうなるだろうか？」

と、さまざまな情報を駆使してできるだけ細かく「場合分け力」と「微分思考力」を使って予測します。

「多段思考力」も使って、最低でも３段先くらいまで考えるのがベストです。

たとえば、転職先の候補が複数あって迷ったとき、それぞれの会社に勤めた場合の仕事内容や想定できるキャリアパス、１年、３年、５年後の未来まで予測して書き出し、比較してみるのです。

すると、それぞれの会社の情報を整理でき、どこが自分の求める条件に一番近いかを可視化することができます。このとき、「書き出してみる」がポイントなので、頭の中で考えるだけでなく、ノートなどにアウトプットしてみましょう。

３つめの「それぞれのメリットとデメリットを書き出す」のも同じく、比較条件を整理するために欠かせない作業です。

たとえば、**Ａ社は大企業で今は安定しているけれど（メリット）、昇進できるまでに時間がかかりそうだ（デメリット）。**

Ｂ社は、ベンチャー企業でやりがいがありそうだけれど（メリッ

ト)、仕事量が多くなりそうだ（デメリット)。

C社は、外資系で給料が高く英語のスキルも高められそうだけれど（メリット)、非正規雇用だ（デメリット)。

このように、「場合分け力」を使って分かる範囲で思いつくままにメリットとデメリットを書き出していくと、じっくり比較検討するための判断材料になります。

ベストな選択をするためには、「場合分け力」を使った3つの手順を踏むことが大切です。選択肢を洗い出し、各選択肢について予測を立てたり、メリットとデメリットを比較することで、あらゆる面からベストな選択を検討することができます。

選択肢を検討していく中で、**「やりたいこと」「譲れない部分」**など自分の軸と照らし合わせながらベストな選択をすればいいのです。

どうしても迷ったら「善悪」で判断する

ベストな選択をするためには、「場合分け力」を使った３つの手順を踏むことが大切だとお伝えしました。

しかし、選ぶのに迷ってしまう場合はどうすればいいのでしょうか？

その場合は、次の３つのポイントからベストな選択肢かどうかを判断しましょう。

ポイント①　ダブル・スタンダードも視野に入れる
ポイント②　迷ったら最終的には“善悪”で判断する
ポイント③　成果は長期と短期で考える

それぞれ、具体的に説明しましょう。

まずは、ポイント①「ダブル・スタンダードも視野に入れる」です。「場合分け力」を使って選択肢を検討する場合、相反する２つの選択肢を賢く使い分ける「ダブル・スタンダード」の判断基準を持つといいでしょう。

私の人生戦略はまさにこれです。

「渋滞学」はライフワークなので、**「好きな仕事はお金に関係なく取り組む」**一方、**「やりたくない仕事も生活のために続ける」**という基準で生きてきました。これが私にとってはベストな選択だったのです。

学生にもよく**「ホームランとヒットの両方を狙うような研究をしたほうがいいぞ」**と言っています。

ホームランを狙えるような壮大な研究テーマを持つのもいいけれど、本道から外れたヒット狙いの研究も並行して進めること。そうして成果を出していかなければ、研究費を得られません。

そのためには、ヒットのテーマを決める場合も、ホームランに焦点が向くような研究をすればいいのです。

ポイント②は、「迷ったら最終的には"善悪"で判断する」です。

いくら考えても右に行くべきか左に行くべきか分からない場合は、どうすればいいでしょうか？

何かを判断する場合には、**「損得」「善悪」「好き嫌い」**の基準で考えると思いますが、「損得」だけで考えていると目先の利益にとらわれてしまいます。

しかし、「善悪」は良いか悪いかなので、良いほうを選べば長い目で見ると正しい判断をすることになります。正しい道を歩いていけば、少なくとも精神的に後悔することはないでしょう。

「好き嫌い」で選ぶのもいいかもしれませんが、感情だけで動くと失敗することもあります。

恋愛がいい例です。盲目的に好きになった人と結婚したからといって、幸せになれるとは限りません。むしろ冷静な判断を欠いて結婚を決めたことで、後々痛い思いをするケースも多いのです。

「好きなことを仕事にしたい」
「嫌いなことはやりたくない」

そう考えている人もいるでしょう。

しかし、嫌なことや苦手だと思っていたことが、何かのきっかけで好きになったり、得意になることもあります。

私が『東大の先生！　文系の私に超わかりやすく数学を教えてください！』（かんき出版）という本を出したときは、数学が嫌いだと思い込んでやらなかったことを後悔している方から、たくさん読者ハガキが届きました。

「学生時代は数学が苦手で全然やらなくて、そのせいで人生失敗したと今は思っています」
「数学ができないと仕事も見つけられない状況だから、先生の本で学び直しています。数学が嫌いで勉強しなかった自分が恨めしいです」

こうしたハガキを読むたび、「数学ほど人生の武器になるものはないのに、好き嫌いで早く決めつけてしまわないほうがいいのになぁ」と思ったものです。

何かきっかけがあって、運良く嫌いなことでも好きになれたらラッキーですが、一生嫌いだと思い込んだまま終わってしまうのは、すごくもったいないことだと思うのです。

最後は、ポイント③「成果は長期と短期で考える」です。

最近、気になっているのは、**「損得」**で判断する傾向が強まっていることです。

しかし、高い給料がもらえる会社に入ったからといって、それが生涯ずっと続く保証はありません。

若ければやり直しがききますから、あとになって「あのときの選択は間違っていた」と気づいて軌道修正することはできるでしょう。

どんなに甘い誘惑があっても、自分にとって正しい道を選べる人こそ、満足度が高い「よい人生」を送れるでしょう。

もちろん、今の日本のような成果主義型の社会では、**「善悪」**だけで判断すること自体が難しい場合もあります。

長期的に見れば得になるといっても、「そうは言われてもねぇ」と思う場面のほうが多いかもしれません。

実際、今の日本においては、ビジネスに限らずあらゆる場面で、短期的な成果を求めすぎです。

しかし、短い成果だけで食い繋いでいくだけの働き方は、リスクが高く非常に危ないように感じます。

だからといって長期的な考えだけでは、すぐに収入に繋がらない可能性もありますから、短期：長期＝７：３くらいのバランスで、人生戦略を考えたほうがいいでしょう。

経済問題や環境問題、人間の幸福といった壮大なテーマは長期的な視野で考え続け、子どもの教育費のために今いる会社で昇進することを短期的な視野で考える。

この２つの時間軸でバランスを取りながら、５年後、10年後まで見据えた計画を立ててみよう。

このように、軸足を２つ持ちながら、自分のライフプランニングをしっかりしたほうがいいのです。

私が好きな詩人の相田みつをさんの言葉に、

そんかとくか　人間のものさし　うそかまことか　仏さまのものさし

というものがあります。

人間は損得に流されやすいけれども、仏様のように嘘か誠かで物事を決められるようになりたいものです。

「ティッピング・ポイント」を見極めて最悪の事態を避ける

どんな物事にも、ある臨界点を超えたら、もう二度と引き返せなくなるポイントがあります。

これを「ティッピング・ポイント」、物理の分野では「相転移」と言います。

イギリス生まれのコラムニストであるマルコム・グラッドウェルの『ティッピング・ポイント』（飛鳥新社）には、このポイントを**「あるアイデアや流行もしくは社会的行動が、敷居を超えて一気に流れ出し、野火のように広がる劇的瞬間」**と定義しています。

物事には、あるところまでは引き返せるけれども、状況がガラッと変わって後戻りできないポイントがあります。

そのほとんどが、じわじわと変化するのではなく、パンドラの箱を開けるようにある点を境に急激に変わるのです。

たとえば、**「日本で犯罪が増えたから護身用に誰でも銃を持っていい」**と法律で認めてしまったら、もう二度と銃がない社会には戻れなくなるでしょう。

最悪の事態を避けるためには、ティッピング・ポイントを認識しておく必要があります。

ティッピング・ポイントを無視した大失敗でよくある例は、リストラの問題です。

大企業の「○○名リストラで××円の人件費削減」といったニュースをしばしば見かけるようになりました。

人件費は業種によってさまざまですが、経営の効率化を図るためにまずは金額の大きいところからテコ入れしようと、人件費削減に乗り出す会社があとを絶ちません。

そして、早期退職制度を導入してリストラしたり、非正規雇用を増やして、会社の費用負担を少しでも減らそうとします。

そうすると、どうなるでしょうか？

会社を先に辞めていくのは、転職先に困らない仕事ができる人たちです。

つまり、今まで会社を支えてくれた優秀な人材という財産がいなくなってしまうのです。

某大手自動車メーカーが、「人件費削減」のために、研究開発部門で非正規社員を雇い始めたことがありました。

研究開発と言えば会社の心臓部であり、一番重要な仕事です。それを非正規雇用の人たちに任せたのです。

とはいえ、採用は厳選にされたのでしょう。彼らによって素晴らしいアイデアが生まれ、売上も上がり、正社員はマネジメントだけすればよくなったそうです。

しかし、やがて不況になってさらに人件費を削ることになり、なんと経営を立て直してくれた非正規雇用の人たちに辞めてもらったのだとか。
「そんなアホな！」と思いますが、これは本当の話です。
　結果的に残ったのは、管理する人たちだけ。
　もう新しいアイデアは生まれませんし、研究技術の蓄積もないままで、売上げガタ落ちしたのは言うまでもありません。
　これに懲りて、この会社はその後、正社員を教育することに一番力を入れるようになりました。

　人材はお金に換えられません。
　しかし、会社のコスト削減をする必要に迫られたとき、真っ先に行われるのがリストラです。
　それだけ誰もが人材の損失を安易に考えているのです。
「大局力」で先を読むことができる経営者は、そんな危険な判断はしません。
　最悪の事態を避けるためには、目の前の問題解決にばかり気をとられず、ティッピング・ポイントを見極めて必ず先を読むことが大事なのです。

全体を見渡して「先読み」する

課題解決に向けた対策を考えなければいけないとき、その場の状況だけで判断してしまうのは非常に危険です。

まずは「大局力」を最大限に駆使して、物事の全体を見渡してください。

この「大局力」は、「空間の中で全体を把握する＝周辺視野」と「時間の流れの中で全体を把握する＝先読み」の２つに分けられます。

「周辺視野」がない人は、スマホばかり見ていて電車を乗り過ごしたり、目の前の仕事に集中しすぎて重要な仕事を忘れていたり……。

周囲への注意力が足りず、対象に近寄りすぎる傾向があります。

たとえるなら、ビルの上から望遠鏡で鳥だけを見ているようなものです。

こういうタイプは、**望遠鏡をいったん置いて、ズームアウトしてパノラマで全体の風景を見るといろいろなものが見えてくる**でしょう。

一方、**「先読み」できない人**は、いつもやるべきことが終わらなかったり、何をするにも準備に手間取ってバタバタしてしまったり……。

行きあたりバッタリで物事をこなそうとするため、いつも時間が足りなくて抜け漏れやミスが多くなりがちです。

こういうタイプは、**時間の流れで全体を把握して、次の予定をあらかじめ考えながら行動するよう**にしてください。

問題を解決する場合は、このようにズームアウトして俯瞰したり、時間の流れで全体を見渡したうえで、今何をすべきか考える必要があるのです。

周辺視野があると社会でも役立ちます。

身近な例で言うと、周辺視野がある人は、通勤時の混雑を避けることもできます。

たとえば、毎日利用している駅の改札に入るとき、多くの人は、自分が歩いてきた方向から一番近い改札に入ろうとします。

他にその改札めがけて歩いてくる人が何人かいて、並ぶことになっても、その改札しか見えていないのです。

しかし私は、自分が入ろうとしている改札に３人以上入ろうとしていたら、ぱっと周りを見渡して、近くの空いている改札のほうへ移動します。

すると、後ろに並んでいた人もつられて、空いている改札へ向かうことが多いので、結果的に入場者が分散されて流れがスムーズになるのです。

「大局力」があれば、暮らしやすい社会になる

なし 自分のことだけ考えて、みんなが一番近い①の改札に入ると、渋滞が起こる！

あり 少しだけ周囲に配慮すれば、3人とも気持ちよく改札を通れる。全体の流れもスムーズに！

日常生活の中で「大局力」を使えば、流れがスムーズになる

このように、自分のことだけでなく全体を見渡してちょっと考えてみると、ベストな判断に気がつくことはよくあります。

一方、先読みできる人は、段取り上手な人が多いです。

私の母も、このタイプでした。

子どもの頃、なぜか我が家の夕食は、火曜日が「魚の日」でした。

大人になってからその理由を聞いたところ、「生ゴミの日が水曜日で、魚のゴミは臭うから食べた翌日にすぐに捨てたかった」とのこと。

夕食のメニューを考えるときに、ゴミ出しのことまで先読みしていたのです。

あなたの周りにもいませんか？

次に何をすべきか常に先を読んでいて、いくつもの仕事を並行してスムーズに進めることができる「マルチタスク型」の段取り上手な人。

反対に、先読みができない人は、次のような行動を取りがちです。

- **改札の前で慌てて定期券やICカードを出す**
- **スーパーのレジに行列ができているのに、自分が払うときになって初めてバッグに入っているお財布やカードを探す**
- **毎朝、着ていく服に悩む**

いずれも、次に何をすべきか、明日はどんな準備が必要か、といった先のことが、頭からスッポリ抜け落ちていて、いざとなってから慌てて行動するパターンです。

このような事前準備は、トヨタ生産方式のカイゼンでも重要視されています。

トヨタ生産方式には、時間になってから準備する「内段取り」と、事前にきちんと準備しておく「外段取り」があります。

この２つの段取り作業を明確に分けて、内段取りを外段取りに変更していくことで時間的ロスを減らす対策を取り、効率化を図っているのです。

将棋や囲碁も、「多段思考力」「疑い力」「大局力」「場合分け力」など全てを駆使した、究極の先読みの世界です。

プロ棋士は、「相手がこう指してきたらこうなる」という先読みを繰り返すわけですが、およそ100手先まで読んでいると聞いたことがあります。これでは、数手先しか読めない素人に勝てるはずがありません。

先読みに優れている人は、それほど思考習慣が身についているのです。

「プラスマイナスゼロ」にはならない

「良いときもあれば悪いときもある」

これは、仕事でも人生でも、昔からよく言われている言葉です。

しかし、重大な決断をするとき、何の根拠もないこの迷信めいた言葉を信じてはいけません。

数学には「逆正弦定理」という確率論の定理があり、勝ち続ける人は勝ち続けて、負け続ける人は負け続けるとされています。

たとえばコインの裏表で勝ち負けを競ったとき、裏と表が出る確率はどちらも２分の１ですが、それは無限にやり続けたときの確率で、有限の時間では偏りが出るのが一般的なのです。

ところが人間は、なぜか悪いことが続くと

「こんなに悪いことが続いたんだから、次はきっといいことがあるはず」

と思ってしまいます。

反対にいいことが続くと、

「こんなにいいことばかり続くと、何か悪いことが起きそうで不安だ」

と感じてしまうものです。

あなたも、無意識のうちに良いこと悪いことのバランスを考えてしまうことはありませんか？

少なくとも数学の世界において、そのような証明はありませんので、「プラスマイナスゼロ」を期待するのは“気休め”くらいに考えたほうがいいでしょう。

間違っても、**「今回の事業はさんざん赤字を出したから、次の新規事業はさすがに上手くいくだろう」**などと短絡的に思わないことです。

「疑い力」が強い人は、このような根拠のない「良いことと悪いことは半々で起こる」ということを安易に信じることはありません。

物事を判断するときは、常にゼロリセットして考えること。

そしてプラスになるかマイナスになるか、客観的に分析して判断するようにしましょう。

特に数値化できないものは、バイアスがかかりやすいので注意が必要です。

たとえば、コミュニケーション能力や場の雰囲気をよくする能力などは、数値化できません。しかし、なければならない能力です。

ある会社で、営業成績の悪い男性社員をリストラした際、会社の雰囲気が悪くなり、社員全員の営業成績が悪化したという話を聞きました。彼は営業成績という数値化できるものは悪かったものの、他の社員としっかりコミュニケーションを取ったり、人間関係のトラブルを仲裁したりと、会社の雰囲気をよくする能力に長けていたのです。
　数値化されたものばかりにとらわれて判断してしまったために、よくない結果を引き起こしたのです。

　また、組織1つとっても、プラスのことしか考えない人ばかりいる部署とマイナスの意見ばかり言う人が多い部署では、判断にバイアスがかかります。
　あなたの上司や先輩、友だちに、いつもポジティブな人といつもネガティブな人はいませんか？
　もしいる場合は、プラスとマイナス両方の意見を同じバランスで聞いてから判断をしたほうがいいでしょう。

　また、ある銀行の人が、投資先を選ぶ際のポイントとして、「好調な会社は疑います。『10年連続で増収増益です』と言うベンチャー会社ほど危ない」と言っていました。
　好調なときほど、現状を疑問視する必要がなくなって、調子に乗りやすくなるのでしょう。

　本当に優秀な人ほど、プラス路線のときは謙虚になって、慎重に物事を判断します。
　上手くいっている人に集まってくる情報は、信用できるものばかりとは限らないため、「疑い力」を発揮する必要があるからです。

さらに、人間というのは、ある程度慣れてきた頃に緊張感がなくなってミスを起こしやすいものです。

常にゼロリセットして考える「疑い力」が発揮できるかできないかで、どんどん差がついていくのです。

Column

経験が増えれば「思考の段数」をスキップできる

研究者や経営者の世界は、「多段思考力」を使って考え続けることが当たり前です。

私が大学院に進んだとき、数学は"純粋数学"と"応用数学"の２つに大きく分かれるため、どちらを専攻するか迷ったことがありました。

その頃、純粋数学を極めていた先輩たちと、一度、議論になりました。

私も数学にはそこそこ自信があったのですが、先輩たちの話を聞いていると、途中から話についていけなくなりました。

「この人たちはすごいぞ……」と驚き、先輩たちの論文をいくつか読んでみると、１年で1,000段くらい考えている人間がゴロゴロ……。

思考の階段を1,000段上っても、全く息が切れないのが純粋数学の数学者なのです。純粋数学を極めたいと思う「自己駆動力」も人一倍強いのでしょう。

そんな先輩たちを見て、「自分には1,000段なんて無理だ！」と思った私は、応用数学の道を極めることにしました。

応用数学は、ある問題を解決するために数学を応用する学問です。

言わば、実社会で役立てるための数学です。そのため、100〜200段で考えるスピード感と解決策のための妥協点が求められます。

では、ビジネスパーソンに求められる思考の段数はどのくらいでしょうか？

私が今まで出会った経営者の方々は、10段くらいは考えて結論を出しています。

これを少ないと思うでしょうか？

多いと思うでしょうか？

なぜ10段くらいなのかを分析して感じるのは、経営者が「多段思考力」を使うとき、階段の上り方を「モジュール化」しているということです。

経営者は、思考の階段を上る途中で、**3〜4段くらいを経験値によって飛ばして1段にする**ことができます。

1段1段きっちり上らなくても「大局力」で俯瞰して考えれば、**「このパターンは前にもあったからこうすればいい」「このパターンはこの先だいたいこうなる」**と分かるので、数段くらいはスキップできるのです。

私も応用数学で300段の階段を上る必要がある場合でも、途中の50段くらいは階段を飛ばせる経験のストックをたくさん持っているので、そのぶん短時間で駆け上ることができます。

　つまり、経験の塊をたくさん持っていれば誰でも、通常10段かかるところを１～２段で済むようになります。

　もちろん、経験すればするほど失敗も増えるため、思考の階段から何度も滑り落ちて傷だらけになります。

　だからこそ、同じ失敗を繰り返して二度とケガをしないために、直感も研ぎ澄ましていくのです。

　これは、「ジャンプ力」にも似ていますし、パターン化するところは「場合分け力」が求められます。

　このように、経験値によってさまざまな思考体力を鍛えられるところが、人間のすごい能力なのです。

第5章

「問題解決」のために発想する思考習慣

考えに行き詰まったら
思考を「ジャンプ」する

「いくら考えても、企画のアイデアが出てこない」
「問題解決の糸口がいつまで経っても見つからない」

このように思考に行き詰まる場面は、人生ではよくあることです。

考えても考えても答えが分からないとき、ウンウン唸ってばかりいても解決にはなりません。

そういう場合は、思い切り発想を転換して、思考の階段を飛ばしたり、壁を飛び越えたりする「ジャンプ力」も大切です。

科学者たちの偉大な発見を見ても、そこに至るまでの過程で、必ず思考をジャンプしています。

論理を極限まで詰めて、あるときに論理を忘れて“ピョン”と飛ぶ。

思考をジャンプさせるときの原動力になるのは、「類推（アナロジー）」と「ひらめき」です。

「類推」は連想に似ていて、これまでの経験や知識を繋げて別のことを想像する力のことです。

類推によるジャンプで、それまで全く思いつかなかった新たな選択肢が見つかることがあります。

私が研究で行き詰まったときも、自分の世界と全く関係がない分野の人たちと会ったり、一見関係なさそうな本を読んだりします。

そこから得た情報を、自分の研究にどう繋げられるか考えてみると、意外に面白い発見があったりするのです。

私がアリの行列を見たときも、まさにこの類推で渋滞解消のヒントを得ることができました。

「ジャンプ力」や「疑い力」で斬新なアイデアを考えて、事業をまたたくまに成功へと導く経営者もいます。

老舗の靴下メーカーであるタビオは、一度は経営危機に陥ったものの、その後、劇的に急成長を遂げました。

きっかけの1つが、「靴下は一足100円から三足1,000円で買える安いもの」という常識をひっくり返した斬新なアイデアでした。「靴下は安ければいい」と思われていた世間の常識を疑い、多少高くても質がよいものであれば売れるはずだと考えたのです。

そして、高級な靴下を一足600円～1,000円ほどの価格帯で販売して、専門店としてのブランド力を高めていきました。

タビオが全国に展開する「靴下屋」は、高級靴下専門店の代名詞となり、株式上場を果たしたのです。

絶体絶命のピンチに陥ったとき、天才的な打開策を考えるという意味では、歴史上の人物から学べることもたくさんあります。

中国春秋時代の思想家・孫氏の著した『孫氏の兵法』です。この「計篇」に、**「兵とは詭道（きどう）なり」**という言葉があります。

要するに、**戦争とは敵を騙すこと**だと言うのです。

具体的な内容を意訳すると、**「強くとも、敵には弱く見せかけなさい」「勇敢でも、臆病に見せかけなさい」「近くにいても遠くに見せかけ、遠くにいても近くにいるように見せかけなさい」**と言ったもので、これが戦いにおいて重要なポイントだとしています。

この兵法を用いて、実際に戦ったさまを描いているのが『三国志』です。

『三国志』は究極の「騙し合い合戦」と言ってもいいほど、敵対する相手との心理戦が読み応えある歴史小説です。

私がこの作品を初めて読んだのは大学生の頃、**「これから社会に出ても人に騙されないように、疑ってかかることも大事なのかもしれない……」**と思ったものでした。

「天下三分の計」などの戦略法で知られる諸葛孔明は、一見、弱みと思えることも見方を変えれば強みになることを教えてくれます。

びくともしない難題にぶつかったときに『三国志』を読むと、何かヒントをもらえるかもしれません。

他人の考えを自分に重ねてみると、進むべき道が見えてくることもあります。

自分と似た境遇の人がどうやってピンチを乗り越えたか、参考にすることもあるでしょう。

その際に心得ておくべきことは、**「自分は他人とは違う」**ということです。

成功を収めた偉人や経営者だけでなく、身近にいる尊敬する人でも、他人がやったことを真似するだけでは失敗します。

世界から注目されているトヨタの生産方式「カイゼン」も、トヨタだから上手くいったのであって、条件が異なる会社がただ真似をしても75%は失敗すると言われています。

そのため、いいアイデアやヒントに出会っても、**「自分だったらどうするべきか？」**と慎重に精査してから、行動に移していくようにしてください。

脳への「圧力」と「弛緩」で
ひらめきが生まれる

思考をジャンプさせるときのもう１つの原動力である「ひらめき」が生まれる瞬間には、ある法則があります。

私たち人間が新しいアイデアや答えを見つけようと必死になっているとき、脳の中は圧力を高めるような感じで、グーッと粘り、考え続けます。

そうすると当たり前ですが、脳が疲れてきます。

脳が疲れると、考える気力も湧きません。

そこで、お風呂に入ったり、シャワーを浴びたり、散歩やランニングをして、ちょっと脳を休ませてみる……。

すると、脳の緊張が解けて緩んだ瞬間、**「あ、分かった！」**とひらめきが生まれることがよくあるのです。

つまり、ひらめきというのは自然に浮かぶものではなく、脳をフル回転させて考え続けてきた努力があってこそ、初めて生まれるものなのです。

「ああでもない、こうでもない」と論理をとことん突き詰めて、**「もう無理。分からない」**という瀬戸際まで自分を追い込んだあと、ふっと力を抜くと思考がジャンプする。

私の経験でもそのように、脳の圧力を極限まで高めて弛緩させた瞬間に、数々のひらめきが生まれました。

ずっと解けない問題がいくつか頭から離れず、**「いくら考えても解けないなぁ」**と気にかかっているときは、何を見てもその問題に繋げてしまう。

そうすると、ずっと抱えている問題とは全く別のものを見ていても、**「もしかすると、こういうことかもしれない！」**と、ひらめくことがあるのです。

ノーベル賞級の科学者にも、極限まで考えて疲れるように眠ったら、夢の中で答えに気づいたというエピソードを述べている人がいます。

ドイツの有機化学者アウグスト・ケクレは、ベンゼンという物質の構造を夢の中で思いついたそうです。

研究者に限らず、どんな仕事でもそうですが、斬新なアイデアを生む人は、それまでにずっと考え続けています。

何も考えずにボーッと暮らしている人が、ある日突然、棚からぼた餅のように、あっと驚くようなアイデアを思いつくわけがないのです。

中国の北宋時代の学者欧陽脩（おうようしゅう）は、いい文章を書くためのアイデアを思いつく場所として、「馬上（ばじょう）」「枕上（ちんじょう）」「厠上（しじょう）」が適していると言いました。

これは、ひらめきの「三上」と言われていて、考えに煮詰まったら**「馬に乗っているとき」「布団に横になっているとき」「トイレにいるとき」**など、ぼんやりしているときのほうが、アイデアが湧きやすいというものです。

今の日本で馬に乗る人はそういませんから、**車や飛行機、電車などで移動してみる**のもいいかもしれません。

そういうときは、仕事の資料など持ち込まず、全く別のことを考えたり人と話したりして、思考をジャンプさせること。

私も以前、あることで悩んでいたとき、東京にいてもラチが明かないと思って、茨城にある実家に３日間引っ込んだことがあります。

すると、実家のトイレにあったカレンダーに、「今日の一言」が書かれていたのです。

「どんなときでも、必ず道はある」

その言葉が目に入った瞬間、**「俺はいったい何を悩んでいるんだ？」**と目が覚め、道が開けた気がしました。

これはたまたま「三上」のうちの１つ、トイレでの出来事でしたが、実家に帰ったのも脳の緊張を緩めるためによかったのでしょう。

アイデアが生まれないときは、全く別の環境に身を置いてみるのもいいかもしれません。

窮地に追い込まれたときに「発想力」が試される

災害や疫病などの予想もできない事態に見舞われたとき、飲食業を始めとしたサービス業や観光業など、さまざまな業界が経営難に陥ります。

そのような窮地に追い込まれた中でも、独自のアイデアで困難を切り抜けた企業があります。

あるカラオケチェーン店は、カラオケBOXをテレワークスペースとして使える「オフィスBOX」に変更して、サービスの幅を広げました。

他にも、朝日新聞が出前館と業務提携して、新聞配達が終わったあとの時間帯の宅配代行事業を始めたときも、**「そういう手があったか！」**とひざを打ったものです。

いずれも、経営が窮地に追い込まれたからこそ生まれたアイデアです。

窮地に追い込まれたとき、こうした発想ができる企業とできない企業が、二極化したと感じたのは、私だけではないでしょう。

ネット通販の利用が拡大したため、人手と車両不足で物流が逼迫（ひっぱく）

した事態も起きています。
その状況を「大局力」で見てみると、多くの問題が浮かび上がってきました。

たとえば、全国のスーパーAは、物流が間に合わず欠品だらけだった一方、近くのスーパーBにはスーパーAで欠品している商品がたくさんあるといった現象が起きました。
宅配業者も連携していませんから、同じ個人宅にヤマト宅急便や日通、佐川急便などが入れ替わりで配達するような状況も改善されません。

この問題を解決するためには、小売りや卸(おろし)、メーカーが協働し、足りない商品を優先的に補充する共有のプラットフォームを構築する工夫が必要なのです。

そういう意味で、いち早く物流の課題解決に動き始めた会社もあります。
味の素やカゴメ、日清、ハウス食品などの大手食品メーカー5社は、コロナ禍になる前の2019年、効率的で安定的な物流体制の実現を目指して「F-LINE」という協同物流のプラットフォームを作りました。
これは、トラックドライバー不足を始めとした慢性的な物流従事者の不足、燃料価格の上昇やCO_2を始めとする環境保全などの課題解決にも繋がるアイデアです。

こうした取り組みがどういう成果に繋がっていくか、試金石として注目されているところですが、「F-LINE」の深山隆社長にお会いした際、**「競争は商品で、物流は共同で」**という素晴らしい言葉を聞き、「ようやく時代が変わり始めた」と嬉しくなったものです。

窮地に追い込まれなくても、**「人の悩みや困り事をどう解決するか？」**という発想から、ビジネスで大成功を収めた企業は他にもたくさんあります。

民泊を世界中に広めた「Airbnb」も、フリマアプリの「メルカリ」もその１つでしょう。

アイデアの種はどこに転がっているか分かりませんが、その存在に気づくことができる人はごく一部です。

あなたがもし、ビジネスチャンスを手にしたいのなら、「多段思考力」「疑い力」「大局力」「ジャンプ力」などを駆使して世の中を観察・分析し、考え続ける努力を怠ってはいけません。

「言葉つなぎ遊び」をやってみる

「多段思考力」や「ジャンプ力」を鍛える有効な方法に、**「言葉つなぎ遊び」**があります。

これは、類推・連想する遊びで、やり方はいたって簡単です。

手のひらサイズに切った紙にそれぞれ**「犬」「カレーライス」「クリップ」「お風呂」「コップ」「雨」**など、全く関連性のない言葉を思いつくままたくさん書いていきます。少なくても10枚くらいあればいいでしょう。

言葉を書いた紙を全部箱や紙袋などに入れて、見えないようにします。その箱や紙袋などから、くじ引きのように2～3枚の紙を取り出し、どうにか繋げて文を作るのです。

引いた紙が「犬」と「カレーライス」だとしたら、次のような文章が作れます。

「犬の散歩をしていたら、カレーのいい匂いがしてきたので、今日の夕食はカレーライスに決めた」

また、引いた紙が「雨」と「犬」、「お風呂」だとしたら、次のような文章が作れます。

「言葉つなぎ遊び」で連想力が鍛えられる！

1. 思いついた単語を紙にたくさん書き、箱や紙袋などの中に入れる

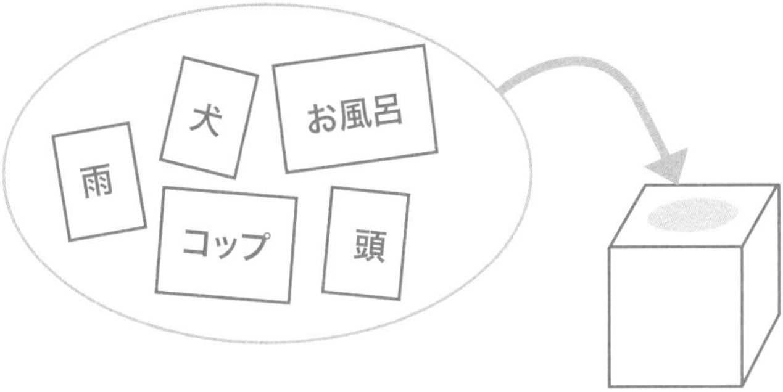

2. 紙を2～3枚取り出し、何でもいいので繋げて文章を作る

取り出す枚数を増やして、さらに連想力をアップさせよう！

「犬をお風呂で洗っていたら、外は雨が降ってきた」

このようにどんなにバラバラの単語でも、ストーリーを考えて意味を繋ぎ合わせていけばなんとかなるものです。

時間があるときやアイデアがマンネリ化してきたときは、この「言葉つなぎ遊び」をどんどんやってみましょう。

慣れてきたら難易度を上げて、２つの言葉を結びつけるのに10段以上の論理をたどって長い文章にしてみてください。

たとえば、「犬」と「カレーライス」の紙を引いたとしたら、次のような文章を作ることができます。

「家で仕事をしていて、窓の外を見ると夕方になったので、晩ご飯をどうしようかと考えていた。カレーライスが食べたいと思い、冷蔵庫を見てみると玉ねぎがなかったので近くのスーパーまで買いに行くことにした。そのとき、足元で寝ていた犬が起きてきたので、一緒に散歩をしようと思いついた。財布と買い物袋、犬の散歩の道具を持ち、犬と一緒に家を出た」

このように引いた紙をもとに考え続けていくと、１つの物語を作ることもできます。

紙と箱がなくても、頭の中で類推や連想の練習はできます。

歩いて移動するときは、歩きスマホなんて論外。必ずキョロキョロと周りを見回して、そのエリアの観察をしてください。

歩いている年齢構成を読みとったり、なぜその構成になっているのか理由を考えたり……。

街中に、どういった客層向けのお店が多いか観察するだけで、どんな住民が多いのかイメージすることもできます。

そして、外を歩いているときだけでなく、カフェにいるときも、人としゃべっているときも、気になったことは全てメモを取る。

あとでそのメモを見返してみると、**「へぇ、こんなこと気になったのか」「このメモ面白いじゃん」**と、何かのヒントになることがあるからです。

スマホでSlack（スラック）にメモすることもありますが、私が愛用しているのは胸ポケットに入る小さなメモ帳です。すぐ取り出せてさっとメモできるのが便利なので、メモを書き留めてきたメモ帳は20冊以上になります。

このメモ帳に書くのは、たとえばコクヨ株式会社の創業者である黒田善太郎さんの**「信用は使ってはならない」**という言葉。

他にもレミオロメンの曲『Wonderful & Beautiful』の歌詞にある**「予報ははずれて予感は当たった」**という言葉です。これも、科学者にとって大事なことだと思い、メモしました。

こういう言葉は、週1回ゼミのときに教え子たちにも伝えています。

ひょっとするとそのメモの中に、ノーベル賞に繋がるアイデアもあるかもしれないと思って大事にしています。

前述した「ひらめき三上」の中に、「馬上（移動中）」がありましたが、私はよく電車の中でもメモを取ります。

混んでいて吊り革につかまっているときは、目をつぶって考えたいことを自由に考えるようにしています。

何か思いついたら、電車を降りてからすかさずメモを取っておくのです。

いつでも類推・連想できるように、普段から自分が気になるテーマを２つか３つ持っておくとより効果的です。

「大型書店巡り」で
思考の偏りをなくす

本１冊には、書いた人のアイデアが詰まっています。

その本が山ほど並んでいる大型書店は、アイデアの宝庫です。

千差万別、さまざまな考え方を持った人たちの思考の宝の山ですから、新しいテーマを探したい場合は、丸一日かけて全ての棚を見て回ることをおすすめします。

私は月に一度、東京駅近くにある八重洲ブックセンターに行っています。８階まで売り場があるので、最初に８階まで上がって、各フロアをじっくりくまなく見て回るのです。

料理の本や絵本まで、一見、自分とは関係なさそうな分野の本棚まで見てみると、時代の風を感じる発見があります。

仕事とは全く関係のない本でも、**「なんか面白いな」「こういう切り口もあるのか」**と気になったら、必ず手に取って、中身に目を通してみる。その中で、じっくり読んでみたいと思った本があれば、迷わず買ってみる。

本の読み方にもコツがあり、私は必ず４色ボールペンにシャープペンのついた筆記具を手に、書き込みをしながら読みます。

本と議論を戦わせるようなつもりで、気になったところには線を引き、自分の考えと違うと思ったことは、その違いを書き入れていくのです。

反対に、「これは素晴らしい着眼点だ」と思って忘れたくない記述は、目立つように線を引いて「アイデアメモ」のノートに書き写します。

ちなみに、将来を変えるという意味で、私が衝撃を受けてメモをたくさん取った本は、ジェレミー・リフキンの『限界費用ゼロ社会:〈モノのインターネット〉と共有型経済の台頭』（NHK 出版）です。

邦訳版が 2015 年に発売されて話題になりましたが、この時点で、シェアリング・エコノミーが当たり前の社会になると書いてあり、実際その通りになりました。

リフキンさんは、特に「大局力」に長けていますが、「多段思考力」「疑い力」「場合分け力」「ジャンプ力」のどれをとっても、素晴らしい思考体力の持ち主だと思いました。

本を読むと、こうした斬新なアイデアを持つ人の思考に触れることができるのです。

そのとき忘れてはいけないのが、ただ読み進めていくだけではなく、**「じゃあ、自分ならどう考えるか？」**という視点で考えることです。

そして読んだあとに、

「こういうテーマについて自分はこう考える」

「この本に書いてある考え方を、自分の問題に応用するとこうなる」

など、アウトプットの時間を作ることが大切です。

本を読んで取り入れた情報を、自分はどうとらえているのか、じっくり考えて言葉にしてみてください。

すると、他人の意見や考え方をそのまま受け入れるだけではなく、自分自身の思考体力も鍛えられ、アイデアも熟成していきます。

本を丁寧に読んでいくと、意外なヒントから新たなテーマやアイデアが見つかることも少なくありません。

中には、誰の目にも留まらないような棚の奥に、**「この本を手に取るのは10年間で自分くらいじゃないか？」**と思うような専門書もあります。

そういう本から、自分の研究分野のヒントをもらったこともありました。

自分が興味・関心のあることだけ情報収集していると、視野がどんどん狭くなっていきます。

その思考の偏りをなくすためにもっとも適している方法が、大型書店を隅々まで見て回ることなのです。

反対に私があまりしないのは、インターネットでアイデアを探すことです。

ネットはもちろん便利ですし、早く情報を探すことはできますが、頭から出ていくのも早いのです。

それに比べると本は、書店をぐるぐる回って立ち読みして、買って読んで、大事な言葉をメモしたりするまでの過程もひっくるめて、他の出来事と関連して記憶するので忘れにくくなります。

私は大学でも、スライドを見せながら効率的な授業をすることをあえてしません。

黒板やホワイトボードに板書して、学生にノートを取らせて、プリントもなるべく配らないようにしています。

そのほうがはるかに、学生たちの記憶の定着率が高いと感じています。

だからこそ私自身の情報収集も、わざわざ外へ出て書店まで足を運んで、実際に本を手に取って読んでみる、という作業を欠かさず続けているのです。

インターネットで、ぱっと見て目に入った情報をもとに、付け焼き刃でアイデアをひねり出しても、誰かの借りもののような薄っぺらいテーマしか思いつかないでしょう。

また、そういったコピペしたレポートは見ればすぐに分かります。

思考体力を使って考え続けたアイデアは、誰に対しても自信を持って説明できるだけでなく、実践的かつ魅力的なものになる可能性が高まります。

そのためには、時間と労力を惜しまず、手足を動かしながら考えること。

暇さえあればスマホやパソコンを見てしまい、思考習慣が身についていない人は、週に１日でいいので、スマホやパソコンから完全に離れてみましょう。

そして、目の前にノートを開いてペンを持ち、考えたこと思いついたことを、どんどん書き出してみてください。

最初は悶々（もんもん）とするかもしれませんが、回数を重ねるうちに慣れてきて、自分からアイデアが湧き出してくるはずです。そのように手足を動かして、思考をジャンプさせる習慣を身につけましょう。

2つの「思考パターン」を使いこなす

問題を解決するとき、あるいは目標を達成するときの思考パターンは2つあります。

1つめは、目標がはっきりしている場合。
「今度の試合で勝つ」「売上を1,000万円にする」といった具体的な目標があるときです。

2つめは、目標がはっきりしておらず、流動的に変わっていく場合。
たとえば、新型コロナの感染者が増えてきたときです。
この場合、**「緊急事態宣言はいつ発令されるのか？」「休業者、失業者の支援はどうなるのか？」「どれだけ自粛すればいいのか？」**と混乱した状況の中で、国がさまざまな施策を行いました。

前者のように目標がクリアな場合は、大きな目標のゴールに向かって、小さな目標を細かく決め、逆算しながらやるべきことを調整していきます。
仮に10日後にサッカーの試合があるとして、「10日後のコンディションをベストにする」というゴールを大きな目標に設定するとしましょう。

その大きな目標から、１日前、３日前、７日前に何をやるべきか逆算して小さな目標を考えると、今日やるべきことが見えてきます。

これこそまさに「多段思考力」が求められる考え方です。

ゴールに向かってひたすら階段を上っていく強い力が必要で、**目標と現在地の方向をすり合わせて軌道修正する方法**が「シューティング法」です。

これは、コンピューターの数値計算に使われる手法の一種で、スタートとゴールの両方から攻めて、正しい答えを探す方法なのです。

一方、新型コロナの感染拡大の問題のように、目標が定まっていなかったり、流動的に変化するときは、いくつか仮説を立てて、予想しながら論理で詰めていくしかありません。

今のように変化が激しい時代は、はっきりとした目標を立てづらいため、こちらの方法で物事を考えなければならないケースが多いでしょう。

そのような場合は、「プランＡ」「プランＢ」……というように、いくつもの仮説を立てながら、臨機応変に階段を上っていくことになります。

人生も同様です。

「これで安心」

「これで安定した人生を送れる」

などといったことは考えにくく、先のことはますます分からなくなってきています。
あなたも、今やっている仕事を５年後まで続けているでしょうか？
もしかすると海外に転勤になるかもしれないし、転職するかもしれない、親が事業をやっていたら会社を継ぐことになるかもしれない。

大企業が倒産することもめずらしくない時代ですから、将来のことは誰にも分かりません。
しかし、分からないからといって、漠然とその日その日を過ごしていては、想定外のことが起きたときに慌てふためくだけです。
行きあたりばったりで、充実した人生は送れないでしょう。

そんな事態を避けるためにも、一度「場合分け力」で仮説を立ててみてください。
そして、
「Aプランを考えてこういう準備をしておこう」
「Bプランになったらこれが必要かもしれない」
と、ケースごとに然るべき対策をとっておくのです。

できれば、プランCまで考えておくことがおすすめです。
自衛隊の幹部の方とお話しした際、人命救助時などは、プランBまでではなくプランCまで考えたプランニングをしていると言われていました。

変化の激しい場面や不安定な時代において、２つの仮説ではなく、プランＣという**第３の仮説を立てておくことでより臨機応変な対応が可能になる**のです。

もちろん途中で、**「やるべきこと、やらなくてもいいこと」**がはっきりしたら、コツコツ調整すればいいのです。

大事なことは、常に**「こっちがダメならあっちで勝負する」**くらいの心づもりで、最悪の事態を避けつつ、自分がやりたいことに近づいていくことです。

Column

1日1回「なぜ？　なぜならトレーニング」

身体の体力を鍛えるためには、毎日「腹筋10回」「ランニング30分」などのトレーニングメニューを続ける必要があります。

思考体力を鍛える場合も、同じです。さまざまなトレーニングの中でも、毎日１回１分でできる超簡単なのが「なぜ？　なぜならトレーニング」です。

これを続けると、まず「疑い力」で物事を見るようになります。

たとえば、電車に乗るとき、**「ここにライトがあるのはなぜ？」「この位置にモニターがあるのはなぜ？」**というふうに、目に飛び込んできたものに関することを**「なぜ？」**から考えてみるのです。

そして、「大局力」「場合分け力」「微分思考力」などを使って、「なぜなら……」と自分で答えを出してみてください。

筋肉に負荷をかけて鍛えるように、脳も「なぜ？」を考えて負荷をかけることで、ぐんぐん鍛えられます。

テレビやインターネットから毎日大量に流れてくる情報を、受け身のままインプットするだけでは考える力がつきません。

どんな情報も、子どものように**「なぜ？」「なんで？」**

と疑い、目に入るものすべてを不思議がる。

そこから、思考体力を鍛えるトレーニングが始まるのです。

「疑い力」を鍛えると集中力も鍛えられますので、勉強や仕事のミスも減るでしょう。

また、大事なポイントを見逃さずに、ミスを極力なくす秘密の呪文をご紹介しましょう。

企画書でも、計算式でも、原稿執筆でも、何か提出物を作成する場合、私たちは自分が正しいと思ったことを書いてまとめます。

そして出来上がった瞬間、「終わったー！」と提出物から解放された気分になるわけですが、必ず提出する前に**「これは絶対に間違っています！」**と“自分に”言い聞かせるのです。

周りに人がいなければ、声に出して言ってもいいでしょう。

自分に「間違っている」と言い聞かせたら、今やってきたことや「これでよし」と思っていることを見直します。

このように、自分を疑うことで、誤字脱字や間違った言葉遣い、計算ミスなどに気がつき、ミスが減ります。

特に、ケアレスミスが多い方は、回答や資料などを一度全て否定して、２～３回確認してみてください。

私も東大を受験した際、試験中に頭の中でこの呪文を毎回唱えていたら、物理の問題でミスを見つけて修正することができました。

おそらく約99%の人が、自分で出した答えを疑わず、信じてしまっているでしょう。自分を疑えるかどうかで、結果に差がつくのです。

仕事においても、週に1回、全て否定する日を決めてみましょう。そして、自分がやっている仕事を、**「本当にこれでいいだろうか？」**と疑ってみてください。

すると、全く違う視点から別の世界が見えてくるので、よりよいアイデアのヒントや新たなビジネスチャンスに気づくことがあります。

私の「渋滞学」も、それまで正しいとされていた「渋滞解消には新たな道路を作るか、車の数を減らすしかない」という考え方を「それだけじゃないはずだ」と否定したことから始まりました。

そして、「道路や車の数ではなく、車を運転する側の行動を変えることで解決できるのではないか？」と考え、得意分野の「数学」を応用して渋滞解消策を見出しました。

このように、**「なぜ？　なぜならトレーニング」**や**「これは絶対に間違っている」の呪文**は、試験のケアレスミスから新しい学問の確立、ビジネスシーンまで、世の中のあらゆることにおいて、大いに役立つ習慣になるのです。

第6章

「人間関係」で悩まない 思考習慣

コミュニケーションのパターンは「５通り」

「自分はどうして人に理解してもらえないのか？」
「言いたいことがなぜ上手く伝わらないのだろう？」

こうした人間関係の悩みの多くは、「誤解」が原因です。

誤解は、コミュニケーションの流れにおける渋滞のようなもの。

一度、誤解によって人間関係がこじれると、そう簡単には修復できません。

誤解を解こうとしても思うようにいかず、むしろ誤解が誤解を招いて、関係性がさらに悪化することも……。

では、**誤解されやすい人や誤解しやすい人は、何が問題なのでしょうか？**

反対に、**誤解されても気にせず放置できる人は、何が違うのでしょう？**

こうしたことを長年、私自身も悩んできて、誤解の原因を分析し、予防方法について考えたことがあります。

人間関係で悩んだときは、「大局力」や「場合分け力」で冷静に状況を把握して、適切な判断をしなければいけません。

そういうときのために、私が科学的に分析した“誤解のカラクリ”

と対処法をお話ししましょう。

コミュニケーションは、相手に伝えたいメッセージがある「真意」を持った話し手と、そのメッセージを「解釈」する聞き手の二者間でのやりとりが基本になります。

やりとりのプロセスを理解するために、次の記号を用います。

話し手の「真意」……Ｉ（Intention ＝意図）
話し手が発した「メッセージ」……Ｍ（Message ＝伝達情報）
聞き手の「解釈」……Ｖ（View ＝見解）

この３つの記号で場合分けすると、話し手の発したメッセージは、**真意と同じ場合の「Ｉ＝Ｍ」と、真意とは異なる場合、あるいはねじ曲がって伝わってしまう場合の「Ｉ≠Ｍ」**の２パターンがあります。

次に、この２つのパターンを聞き手が解釈する際も、**真意をそのまま受け取る場合の「Ｍ＝Ｖ」と、そのままの意味で受け取らない場合の「Ｍ≠Ｖ」**の２通りあります。

さらに、結果として聞き手の解釈（Ｖ）が相手の真意（Ｉ）通りだった場合は「Ｖ＝Ｉ」、違った場合は「Ｖ≠Ｉ」となります。

完全に分かり合っている２人なら、「Ｉ＝Ｍ」「Ｍ＝Ｖ」となり、三段論法から誤解や疑いが全くない「Ｉ＝Ｖ」の理想的な関係になります。

しかし実際は、お互い何らかの駆け引きをしている残念な現実があります。

そこで、話し手がどのようにメッセージを発し、聞き手がどのように受け取るか、数学的に組み合わせたところ、次の５通りしかないことが分かったのです。

【コミュニケーションの５パターン】

①Ｉ＝Ｍ＝Ｖ＝Ｉ

話し手は素直にメッセージを発し、聞き手も素直に受け取る。両者の気持ちが一致して完全に理解している

②Ｉ＝Ｍ≠Ｖ≠Ｉ

話し手は素直にメッセージを発するが、聞き手が話し手のメッセージを誤解している、もしくは疑っている

③Ｉ≠Ｍ＝Ｖ≠Ｉ

話し手は聞き手を騙したり誘導したりしている。聞き手は話し手のメッセージを素直に受け取っている

④Ｉ≠Ｍ≠Ｖ＝Ｉ

話し手は真意と違うメッセージを発し、聞き手も話し手のメッセージを疑って真意を見抜いている

⑤Ｉ≠Ｍ≠Ｖ≠Ｉ

話し手は真意とは違うメッセージを発し、聞き手も違う意味で解釈している。間違ったメッセージのやりとりによる完全なる誤解

この中で、①は相互理解が成り立っているため問題はありません。

I
M
V

反対に、⑤は詐欺か酔っぱらい同士の会話にありがちで、お互い理解し合うことを目的としていないため、解決する必要はないでしょう。

「疑い力」によってコミュニケーションが上手くいく可能性が高まるのは、②、③、④の３つです。

あなたが人間関係で悩んだとき、どのパターンに当てはまるか照らし合わせてみると、コミュニケーションにつまずいている原因が分かるかもしれません。

また普段から、人と話をしているとき、５つのうちのどのパターンになりそうか意識していると、「疑い力」が高まり誤解を減らすことができます。

「疑い力」で相手の誤解を解く

「いろいろ記号が出てきて、ややこしいな……」と思った方もいるかもしれませんが、安心してください。ここからはイラストも入れて、コミュニケーションのパターン②、③、④について1つずつ分かりやすく説明していきます。

実際に、どんな場面で「疑い力」を発揮すれば誤解を減らせるのか、いくつか例をあげましょう。

②「I＝M≠V≠I」

話し手は素直にメッセージを発するが、聞き手がメッセージを誤解している、もしくは疑っている場合

話し手は真意（I）を素直に伝えているけれど、聞き手がそのままの意味で解釈していません。

そのため誤解が生じているので、話し手が「疑い力」で聞き手の解釈の間違いを確認して、本人にフィードバックすればいいのです。

よくあるのは、教育者が生徒の誤解に気づき、間違いを指摘するケース。

あるいは、上司が部下の違いを指摘して正しいやり方を教えて直

すケースです。

この場合、聞き手が意図的に曲がった解釈をしているわけではないため、話し手が間違いを指摘するときはミスや誤解をとがめて非難してはいけません。

一方、聞き手が先入観を持っていたり、感情的になっていて、話し手の真意（Ⅰ）がストレートに伝わらないこともあります。

こういう場合は、聞き手の先入観を取っ払うか、冷静に聞く耳を持ってくれるときに、改めて話をする必要があります。

私は、誤解を回避するための手段として、第三者に相談することもよくあります。

たとえば、会食などで自分と考え方が違う初対面の人と話をする必要がある場合、その人と仲のいい第三者を探してどういう人物なのかを聞いてみるのです。

すると、自分の偏ったイメージや先入観が軽減され、少しでも相手の人となりが分かると自分の気持ちに余裕が生まれるので、本人に会ったときも冷静なスタンスで話をすることができます。

②I＝M≠V≠I

③「I≠M＝V≠I」

話し手は聞き手を騙したり誘導したりしている。聞き手は話し手のメッセージを素直に受け取っている場合

ビジネスの場面でよく起こりやすいのは、本音と建前を使い分ける「I≠M」のケースです。

たとえば、苦手意識がある人や信頼できない人から、仕事の協力を求められた場合、本心では**「この人と一緒に仕事をしたくないな」**と思っていても、建前上、忙しさや他のことを理由に断る場合などが、これに当てはまります。

ところが断られた相手が「M＝V」だと思い込んでいると、相手の言葉をそのまま素直に信じ、**「落ち着いた頃にまた声をかけてみよう」**とポジティブに解釈してしまいます。

こういうタイプにはなかなか建前が通じないため、また懲りずにお願いしてやんわりと断られて……を繰り返す可能性もあります。

一方、「疑い力」が強い人は、「M＝V」より「M≠V」の可能性を考えます。

そして、**「忙しいのはみんな同じ。断られるということは嫌がられているのかもしれない」**と相手の本音を読み取り、潔く引き下がることができるのです。

それが、次の④のパターンです。

③ I ≠ M = V ≠ I

④「I≠M≠V＝I」

話し手は真意と違うメッセージを発し、聞き手はメッセージを疑って真意を見抜いている場合

ここでは、上方落語から生まれた有名な逸話「京都のぶぶ漬け（お茶漬け）」の例を紹介しましょう。

京都の人は、早く帰ってほしい客人に対し、「何もお構いするものはありません」という意味（真意）を含めて、「ぶぶ漬けはいかがどすか？」とすすめます。

何も知らない人は、「ありがとうございます」と素直に答えてしまいますが、「疑い力」がある人は、**「お客にお茶漬けをすすめるなんておかしいな」「早く帰ってほしいんだな」**と、言われたことをそのまま受け取らず、相手の真意を読み取ります。

そして、**「お茶漬けは結構です。そろそろ失礼します」**などと丁寧に断って、そそくさと帰るのです。

つまり、話し手と聞き手の曲がったメッセージのやりとりだけで、お互いの真意が理解できるというわけです。

このように言葉の裏に隠された本音を察することで、コミュニケーションが上手く成立することは、日常の場面でもありませんか？

人間には、「本音」と「建前」があります。

相手が発した言葉が「本音」なのか「建前」なのか、いったん「疑い力」を使って考え、冷静に判断してから返事をすることは、コミュニケーションの基本なのです。

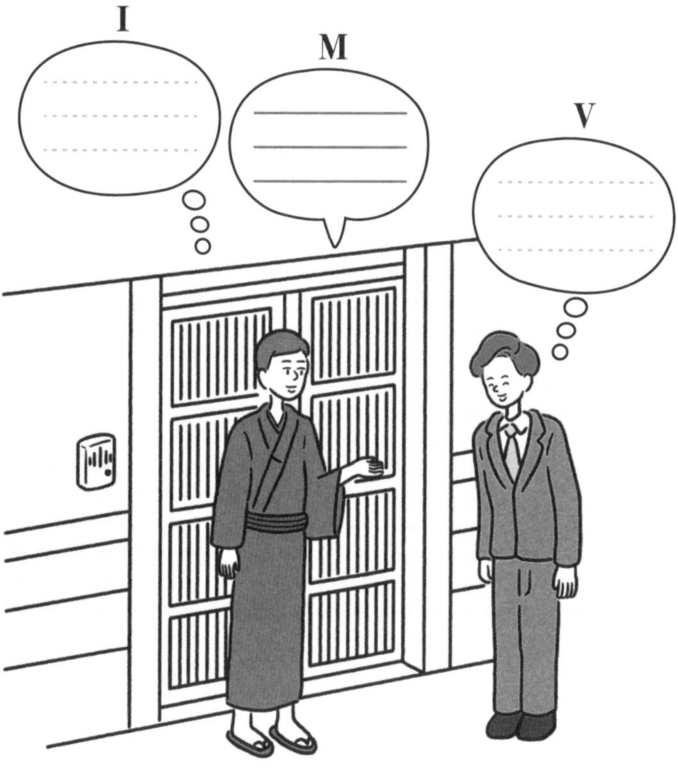

④I≠M≠V=I

「ノンバーバル」を意識する

自分の考えや思いをできるだけ素直に相手に伝えたくても、言葉足らずになったり、曖昧な表現になったりして、コミュニケーションが上手くできない……。

こうした悩みは、どんなに話し方に注意していても避けがたい部分が多いので、２人のやりとりの中で気づきながら改めていくほうが現実的です。

その際、ぜひ意識してほしいのは、「ノンバーバル」（非言語）なメッセージです。

私たちは会話しているとき、目の動きや表情、しぐさなどで、言語外のメッセージを伝えています。

実はこのノンバーバルな表現こそ、コミュニケーションで重要な役割を果たしているのです。

話した内容がよく理解できない、あるいは、ちょっと疑わしい場合は、聞き手が首をかしげたり、「ん？」といった表情をすることがあります。

相手の話がつまらなかったりイライラする場合は、貧乏ゆすりをしたり、手や指でテーブルを叩く人も……。

他にも、声の抑揚や姿勢、その場の雰囲気など、言語外の情報を「大局力」で引いて見て、相手のノンバーバルなメッセージを読み取ることで、コミュニケーションにおける誤解を少なくすることができます。

認知心理学では、「ターンテイキング」と呼ばれている興味深いノンバーバルメッセージの研究があります。

たとえば、狭い出口に２人同時に向かった場合、お互い言葉を交わさずとも何らかの表情やしぐさをすることで、通過順序が自然と決まる経験は誰しもあると思います。

体を出口のほうにサッと動かしたり、反対に体を引いたりする「揺らぎ」によって、何らかのメッセージをお互い伝えてコミュニケーションしていると考えられているのです。

会話の順序も同じです。話し手と聞き手が入れ替わったり、複数でしゃべっている場合なども、タイミングやアイコンタクトで話し手が交替しながら会話が進んでいきます。

このように、私たちは普段から無意識のうちに、ノンバーバルなコミュニケーションを取って、よりスムーズな社会的行動を取る努力をしているのです。

もちろん、ノンバーバルゆえの誤解もあります。

お店で奥に座っている知らない女性が、ある男性の後ろに貼ってある人気俳優のポスターを興味深く見ていたとします。

「自分に好意があるのかな？」と勘違いする男性もいるかもしれません。

また、「自分の後ろに何かあるのかな？」と後ろを振り返ってポスターを確認し、納得する男性もいるでしょう。

相手のしぐさが何を意味しているのか考えて、適切な言動をとることができるかどうかが、コミュニケーションのポイントなのです。

ノンバーバルに敏感になって、その真意をとらえるときに役立つ思考力は「疑い力」と「微分思考力」です。

話し手が発するノンバーバルなメッセージを、１つひとつ拾って意味づけしていく。

相手の気持ちや話の理解度を知り、誤解を招かないためには、そうした言語外のコミュニケーションに慣れていくことも必要です。

イギリスの人気コメディドラマ『ミスター・ビーン』や、チャップリンの無声喜劇映画シリーズは、ノンバーバルメッセージの究極の例です。

言葉の力がなければ、複雑な感情を伝えることは難しい。

けれども、ノンバーバルだけで成り立つコミュニケーションもあることを知るという意味で、この２つの作品は参考になるでしょう。

特にメールでのコミュニケーションは、ノンバーバルなメッセージがなくなるため、誤解が生じやすくなります。

大切なことを伝えたり、話し合ったりする際は、オンラインではなく対面のほうが優れているのです。

人間関係を「中立型」で維持してみる

コミュニケーションでどれほど細心の注意を払っても、誤解やすれ違いをゼロにすることは不可能です。

では、どうすれば人間関係の悩みやストレスから解放されるでしょうか？

「細かいことは何も気にしない」という生き方に憧れますが、なかなかできるものではありません。

そこで私は、思考体力をありったけ駆使して５年間ほど考え続けた結果、人間関係で生じる誤解との付き合い方について、１つの結論に至りました。

まず、１対１の人間関係を次の３種類に分類します。

- 収束型…誤解を解く努力をすれば相互理解が可能な関係
- 発散型…誤解はもう修復不可能な関係
- 中立型…完全な相互理解でもなく誤解も解消していないが離れることもない関係

これは、「力学系理論」という難しい数学理論を人間関係に当てはめた考え方ですが、数学的に見て面白いのは、曖昧でもよしとする「第３の選択肢」が選べるところです。

これは、男女関係に置き換えると分かりやすいと思います。

相思相愛でたまにケンカはするけど修復可能な関係で仲がいいカップル……「収束型」

誤解やすれ違いが絶えず、ケンカばかりして挙げ句の果てに別れてしまうカップル……「発散型」

ケンカはするけれど別れる気はないので、お互いに細かいことは気にせず、つかず離れずの関係……「中立型」

収束型の関係は、誤解による溝を埋めるために、絶えず言い合いや話し合いをして、関係修復に努めます。

たとえば、自信作の本を出版した人が、読み手に誤解され、ネットにかなり批判的な書き込みをされたとします。

そうすると、多くの人が著者に対して偏見を持ってしまう恐れがあるため、批判に対して反論する長い文章をウェブに載せるなどの対策を講じます。

私の本も、明らかな誤解をもとに批判されたことがありました。

その場合、相手側が本名と身分を明らかにしていたら、それなりにエネルギーを費やして誤解を解く行動に出たこともあります。

相手が匿名だったら、反論してもこちらが不利になるだけなので、中立型をとって放置するようにしています。

一方、発散型は、どちらか一方でも**「誤解の解消は不可能だ」**と考えたときに陥りやすい関係です。

この関係には、話し合いやケンカで関係修復できず、仕方なく諦めて相手から離れていく場合と、誤解が生じた相手とどうしても顔を合わせたくない場合があります。

夫婦では離婚、近所関係のトラブルでは引っ越しを決断する人もいますし、物理的に離れられない場合、法的手段に訴える人もいます。

もちろん、関係を断って幸せになるケースはたくさんあります。

しかし、どうしても我慢できない場合を除けば、第３の中立型の関係を維持するのも悪くない選択でしょう。

くっつきもせず、離れもせず、平行線のままお互いの状況に合わせて付き合っていけば、細く長く関係を続けられます。

収束型のように、誤解を解くためにエネルギーを費やしても、努力が徒労で終わることが多いものです。

かといって発散型のように、ケンカするたびに関係を断ち切っていくと、最後はひとりぼっちになる可能性もあります。

そこで第３の中立型をとり、様子を見ながら、関係が好転するのであれば収束型に変わればいいですし、やっぱり付き合いたくないと思えば発散型になって離れていけばいい。

中立型は、妥協案でもマイナス案でもなく、難しい人間関係をほどよく保つためのプラスの選択肢と言えます。

私自身、中立型が一番しっくりくる感覚があるので、無理をして他人との距離を縮めたり、離したりする収束型や発散型にならないように心がけています。

人間関係で悩んだら、とりあえず平行線で付き合ってみる。

こう考えれば、スッキリするものです。

3種類のカップル

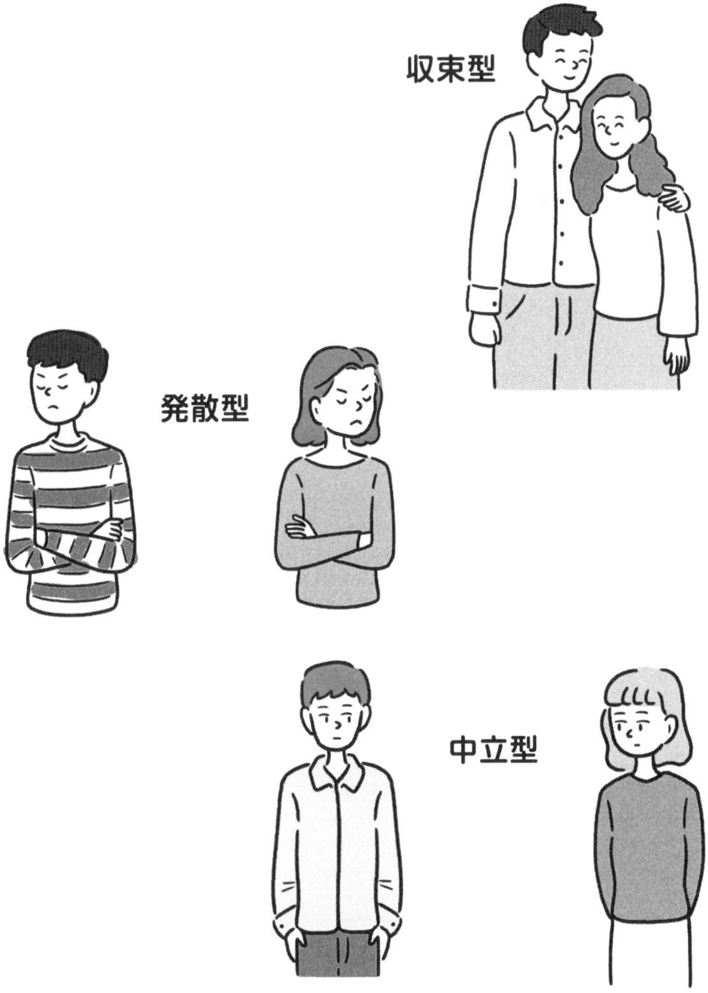

一番大切なのは「自分」。他人には諦めも必要

中立型で人間関係を緩く維持していても、ストレスが一切なくなるわけではありません。

「収束型にいくべきか？」

「発散型にいくべきか？」

と、迷うこともあるでしょう。

そこで、悩んだときや迷ったときの精神的な支えとなる仏教の教え、諦めの境地について、ぜひ知っておいてほしいと思います。

「諦める」は、**「明らかに現実を知る」**という意味の仏教の教えで、悟りの境地を表す言葉だと教えてくれたのは、浄土真宗證願寺（しょうがんじ）の住職、春日了（かすがりょう）さんです。

「そのうち相手も分かるさ」と誤解を放置できるほど強い人はなかなかいません。

しかも放置している間に、「自分は誤解されている」という苦しみすら忘却してしまうこともあります。

これはなかなかできることではありませんが、仏教の教えには、人間関係の苦しみを手放すヒントがあります。

自分の苦悩は、全て自分の心が作りだした幻影にすぎません。

怒りや悲しみも、自分の心の中で起きた変化です。ありのままを勝手に曲げて解釈し、その結果に人は一喜一憂してしまう。

「こうあるべきだ」

「あの考えは間違っている」

「みんな私を誤解している」

といった考えの全ては、自分の心が作りだしているのです。

先入観や偏見、身勝手な発想など、私たちの心の奥に潜む考えや価値観がフィルターをかけている限り、現実が自分の思い通りになることはありません。

仏教用語で言えば、全ては「無常」なのです。

理想の期待値が高ければ高いほど、現実とのギャップに悩んでしまう。

そこで、諦めることができる人こそ、悟りの境地に達した人と言えるでしょう。

そのため、仏教では全ての先入観を捨てなければならないですし、欲にとりつかれた心を持っているようではダメだと教えています。

そこで一瞬だけでもいいので、自分の理想やプライドを捨てて、身の丈の現実に合わせて自分のスケールを調整してみてください。

「なんで思い通りにいかないんだ」ではなく、**「これだけでも充分だ。ありがたい」**と思えるように、現実以下に自分の思いを調整するとより効果的です。

私の場合、重要なトラブルがあると３日間くらい全てをいったん諦め、自分の理想や欲を最小化して、思考停止します。

心の中で唱える言葉は、次のようなものです。

「私はそんなにたいした人間ではないし、人に誤解されたり理解されずに不都合が起こっても、それまでの人生だったと思えばいいじゃないか」

こう考えて一気に肩の力を抜き、無常の現実を一時的に受け入れ、物事は思った通りにはならないのが当たり前だと達観する。

そうすると、怒りや不安が収まって気持ちが楽になるのです。

もちろん、本当に諦めているわけではありませんが、一時的に諦めることで、感情を抑制することができます。

言ってみれば、「プチ悟りの境地」のようなもので、人はなぜ自分のことを理解してくれないのか、少し冷静に考えることもできるようになります。

イライラやモヤモヤを振り払って冷静になると、解決策もゆっくり考えられるようになります。

第7章

「結果を出す」ための思考習慣

間違ってもいいから「自分の意見」を発信する

思考習慣を身につけるとどのような問題に対処できるのか、具体的な例を挙げながらこれまで説明してきました。

残る問題はたった１つ。

やるかやらないかです。

頭で分かっていることも、行動に移さなければ、何も知らないのと同じ。

せっかく手に取っていただいたこの本も、何もやらなければ無駄になってしまいます。

著者として、それほど残念なことはありませんので、この章では思考体力を使って行動を起こすための、実践的なアドバイスをお伝えします。

今日からでもさっそく始めてほしいのは、「自己駆動力」を全開にして発信することです。

と言っても今は、SNS が日常の一部になっている時代。

あなたも、ツイッターやフェイスブック、インスタグラムを始めとした SNS やブログをすでに利用しているかもしれません。

最近は、音声や動画で発信する方も増えてきました。

そのこと自体はとてもいい傾向なのですが、問題は**「何を発信するか」**です。

ここで言う「自己駆動力」を全開にして発信すること、つまり「自己発信」とは、他の人からフィードバックをもらえるような自分の意見を言うことです。

「お腹が空いた」

「○○のラーメンが美味しかった」

など、日記のようなつぶやきは意見交換に繋がらないので、あまり意味がありません。

「自分はこうしたほうがいいと思う。なぜなら、こういう理由だから」というふうに意見を発信すると、他人からのフィードバックがあり、自分の意見がそのコミュニティで共感性が高いのかどうか客観視できます。

もしも自分の知識や意見が間違っていれば、指摘してもらえる機会を得られ、考え方を軌道修正することで成長できるチャンスにもなります。

たとえば、いきなりSNSやブログで時事問題についての意見を発信することが難しい場合、友人とそうした問題について真面目に話してみましょう。

定期的に時事問題についての話し合いの機会を設けることで、自分の意見が明確になるだけでなく、さまざまな意見を知ることができるので、とてもおすすめです。

また、会社の会議で１つだけ意見を述べることから始めてもいいでしょう。

意見の発言回数を増やしていくと、フィードバックの数も増えて、「大局力」で世間の常識を俯瞰したり、「疑い力」で相手の意見の根拠を調べることもあるでしょう。

自分の意見のどこが間違っているのだろうと、「微分思考力」で考える必要も出てきます。

その繰り返しの中で、思考体力が鍛えられ、思考の偏りや間違いが軽減していくのです。

反対に何も発信しなければ、自分の意見や考えが正しいのかどうかも分からず、自信もつかず、成長もできません。

学校教育では集団行動が当たり前で、「和」を尊ぶ社会の中で育った日本人は、主張することが苦手です。

しかし間違えないでほしいのは、「主張しない人＝協調性のある人」ではないということです。

何かを発言すれば反論されるかもしれないし、間違ったら恥をかくかもしれない。自分の発言で場を乱してしまうのはイヤだ……。

そう考える人がいるかもしれません。

しかし、そもそも他人と自分は違う人間ですから、意見が合わないのは当然です。
親子や夫婦でも意見が合わないときはあるので、反対意見はあって然るべきことなのです。
そんな当たり前のことを不安がって、自己発信による成長の機会を逃すほうが、あなたの人生にとってはよっぽど残念なことではないでしょうか。

勘違いしている人が多いのですが、「主張すること」はケンカをふっかけることではありませんし、和を乱す行為でもありません。
むしろ本当に優秀な人ほど、自分の意見をしっかり述べつつ、協調性を保っているものです。
誰かの主張が和を乱すことがあるのなら、それは発言した人の性格（たとえば、激昂しやすい、他人の悪口やバッシングが多い）によるところが大きいはずです。

実は私も、自分の判断に自信が持てない時期がありました。
しかし、どんなに自信がないことでも、意見を言わなかったことはありません。
今振り返ると、正解以上に、間違ったことを言っていたような気がします。それでも結局は、間違いを恐れず発信したことで、私の考えや研究内容が整理され、さらには心から賛同してくれる協力者や仲間が作れたと思っています。

間違うことを恐れて発信しない人もいるようですが、どんな物事にも必ず賛否両論はあります。人それぞれ意見が違うのは当たり前なので、全ての人に認められなくていいのです。

発信するメリットは、フィードバックをもらえることなので、むしろ反対意見にも耳を傾け、本質を見極めることが重要です。

主張がなく、当たり障りのないことしか言わない人は、一見いい人のように見えて「存在感が薄い人」です。

主張をしない人間の成長は止まるということを忘れないでください。

考え続ける前に「とりあえずやってみる」

「自己駆動力」でやりたいことが決まっても、「多段思考力」で考え始めたら思考が止まってしまった……ということがあります。

その場合は、あまり先のことまで考えずに、「とりあえずやってみる」ことで思考をジャンプさせることができます。

たとえば答えが浮かばないとき、頭の中が真っ白な状態になっても、無理矢理こんなふうに独り言を言ってみましょう。

「この答えは○○だ」
「この問題は、こうしたら解消できる」
「その答えは分かっています。実はこういうことなんです」

このように自分自身に答えを言い聞かせる感じで、とりあえずしゃべり始めます。

この **「とりあえず」** しゃべった言葉に対して、

「いや、それは違うからこっちのほうが正しいでしょ？」
「解消方法は他にもあるんじゃない？」

などと、さらに自分の意見を言っていくのです。

すると面白いことに、自分自身にフィードバックがかかって、少しずつ解決策を見出すことができます。

あるいは、それまで考えた論理の過程を口に出してみてもいいでしょう。

これも不思議と続きの答えが出てくることがあるので、試す価値があります。

会議では、考えがまとまっていないうちに話を始めて、周囲から**「ちゃんと考えを整理してから話して」**と指摘される人がいますが、これは悪いことではないので、気にしないでください。

大学の会議でも、そのような方はいます。

最初は何かつぶやくように話を始め、話しながら考えをまとめているので、最後にはいい判断やいいアイデアに収束されるのです。

お笑い芸人やコメンテーターもそうですが、「とりあえず」しゃべり始めてから、話の流れを考えていく方法を実践している人は少なくありません。

文章も同じです。

アイデアが出てから書くのではなく、書いているうちにアイデアが出てくる。つまり、書くことで頭が整理されていくのです。

ですから、アイデアに詰まったら、**「とりあえずしゃべってみる」「とりあえず書いてみる」**ことが大切です。

「すぐやってみる」人は、走りながら考えます。

それができる人とできない人の違いを、書店員のＡさんとＢさんの例で紹介しましょう。

書店員歴は同じくらいで、キャリアに大差がない２人が、店長からある本を売るように頼まれました。

ＡさんとＢさんは、それぞれ次のような行動を取りました。

【Ａさん】

・本の魅力をお客さんに伝えるために手書きポップを作った

・お店のオンラインストアでも販促するために「お店のブログやSNSでも紹介していいか？」と店長に相談した

・他のポップも作って、どのポップに効果がありそうか比較した

【Ｂさん】

・本を目立つところに置いてお客さんが買いに来るのを待った

・店長に言われてからポップを作った

・何か提案すると「でしゃばり」だと思われそうなので黙って様子を見ていた

いかがでしょうか。どちらが本をたくさん売ることができると思いますか？

誰が見ても、Ａさんのほうが売る力がありますよね。

自分でポップを作り、ネットでの販促も店長に相談して、ポップ

をいくつか比較するなど、自分が起こした行動の改善も試みています。

考えて思いついたことはすぐ実行し、失敗したら次の手を考える。全て自分から積極的に行動する**「自己駆動」**の人はＡさんです。

Ａさんは、次にやるべきことを考える「多段思考力」も、ネットを販促に利用する「ジャンプ力」も、ポップを比較検討する「場合分け力」もあります。

一方のＢさんは、全て受け身で、人に言われてから動く**「他己駆動」**の人。

思考体力はあるのかもしれませんが、何も動き出さない時点で、何も考えていない人と同じ扱いになってしまう残念なタイプです。

能力に大きな差がなければ、主体性を持って失敗を恐れず「とりあえずやってみる」人のほうが、成果を生み出し成長もできることは間違いありません。

「大胆に行動する」ことが
成功への第一歩

何をするにも慎重になって、石橋を叩くのは悪いことではありません。

しかし、慎重になりすぎて橋を叩き割ってしまったら、もう先へは進めなくなります。

成功者には、「大胆かつ細心」である人が多くいます。

有名なところでは、京セラや第二電電（現・KDDI）を創業した稲盛和夫さんも、**「大胆さと細心さをあわせ持つことで初めて完全な仕事ができます」**とおっしゃっています。

「多段思考力」「疑い力」「微分思考力」も大事ですが、自分の中である程度、納得できるところまで考えたら、あとは「正しい」と信じて行動することが重要です。

どれだけ細心の注意を払って検討しても、100％安全・安心ということはなかなかないものです。

多少のリスクがあったり不安を感じたとしても、大胆に行動することで次の展開へと繋がり、成功へと近づいていきます。

リスクを恐れて何もやらないと、いずれやったとき以上のリスクを背負うことになるでしょう。

日本人は欧米人に比べ、リスクを恐れてなかなか行動しません。**「分からなければ、やらない」**のが日本人だとすると、オランダ人は正反対で、**「分からないから、やってみて考えよう」**という発想です。

同じヨーロッパでも、どちらかというと慎重派のドイツ人は、日本人に近いと言えるでしょう。

そのため、ヨーロッパで何か新しいことを始めるとき最初に実践するのはオランダ人で、ドイツ人はその結果を見てやるか、やらないかを決める、という話を聞いたことがあります。

高速道路で導入されている距離別料金制度も、最初に実験的に行ったのはオランダでした。

高速道路の料金は、一般にゲートを出入りするときに支払いますが、この制度は、全ての車にGPSを車載し、あとから走った距離を算出・課金するというものです。

他国が尻込みする中、オランダはいち早く導入に向けた準備を始めました。

実際は導入まで至らなかったようですが、周辺国はオランダの結果を見て、導入するかしないか決めようと考えていたそうです。

日本でも導入が検討された「シェアド・スペース（共有空間）」を最初に始めたのもオランダです。

都市交通が安全かつスムーズに流れるようにするため、道路という空間をみんなで共有しようという発想から生まれたこのアイデア。

道路から信号機や標識など全て取り外し、車も人も自由に動けるようにする、というものです。

信号も何もないとなると、あちこちで交通事故が起こって危険性が高まるように思えますが、導入してみた結果、交通事故はむしろ減りました。

信号も標識もないと、車は危なくてスピードを出せません。みんなが慎重に運転をするようになったため、交通事故が減ったのです。

このアイデアを考えた人はもちろん、事前に予想していたと思いますが、実際にどうなるかは、やってみないと分かりません。

これこそまさに、行動してみることの重要性を示す例です。

オランダの取り組みを機に、「シェアド・スペース」はヨーロッパを始め、アメリカやオセアニアにも広がっていきました。

日本でも、山口県防府市が「シェアド・スペース」の手法を導入した街路を2019年9月に完成させています。

オランダの「大胆な行動」のおかげで、「シェアド・スペース」は成功することが分かり、交通事故を減らす画期的なアイデアとして世界に広がっていったのです。

思い切った行動をするためには、「疑う力」よりも「信じる力」が必要です。

もし失敗したとしても、次の手を考えればいいだけ。

どんな結果になっても、前に進めることには変わりないのです。

「努力」と「目標」のベクトルを合わせる

努力しているのに報われない……というときほど、ツライものはありません。

そういう人は、「自己駆動力」があっても、努力していることと目標のベクトルがずれている可能性があります。

その場合、**「これだけ頑張っているのに、なんで上手くいかないんだ？」「自分の選択が間違っているのかな？」**

と、「疑い力」で原因を分析する必要があります。

そして、何が間違っているのか検証するために、仮説を立てて、試行して、結果を見て、調整するという「フィードバック」を繰り返すのです。

たとえば、あなたがやりたいことがあって、「多段思考力」で目標に向かって階段を上っていったとしましょう。

全てが予定通りにいくとは限りませんので、ゴール地点にたどりつくまで軌道修正をしながら進まなければいけません。そのとき、

「どこで間違ったのだろう？」

「どの選択が正しかったのかな？」

と、努力と目標がずれ始めた原因までさかのぼって、どういう判断をすればよかったのか考えます。

再チャレンジできる場合は、もう一度、適切だと思ったことを試しに実行してみて、結果を見ながら調整していきます。

この「フィードバック」作業では、主に「適応能力」が求められます。

適応能力の具体的な意味は、「周りの条件や環境に自分を合わせていくこと」です。

つまり、周りの人ではなく自分を疑って、**「今、自分が置かれている環境に合わせた行動とはどういうものか？」「自分に求められていることは何なのか？」**など、客観的に考えて適切な行動を取るのです。

人間は都合がいいもので、自分に甘く、他人に厳しくなりがちです。

そのため、**「こんなに頑張っているのに評価してもらえない」「私の努力が成果に繋がらないのは○○のせいだ」**などと、他の誰かのせいにしてしまうこともあるかもしれません。

しかし、**「よくよく考えてみたら原因は自分にあった」**というケースは結構多いのです。

ですから、「努力」と「目標」のベクトルが狂ってきたら、まず疑うべきは「自分の思考」というわけです。

以前、私は「200年以上続いている老舗」や「長く続いている企業」を取材し、いくつかの共通点を見つけました。

その1つが、「定番品を必ず持っている」ということです。

「このお店にしかない」という人気商品を長年受け継ぎ、それが絶対的なブランド力になっているのです。

それだけではありません。長く続いている会社は、その定番品を「時代のニーズに合わせてちょっとずつ変えている」のです。

たとえば、日清食品の「カップヌードル」がそうです。

この定番商品は50年以上も変わらぬ人気ぶりですが、時代のニーズに合わせて調味料や具の形など、少しずつ改良を重ねています。

時代を超えて愛される人気商品だからといって、頑なに昔のものを主張しているわけではなく、むしろ時代の変化に柔軟に「適応」してきているのです。

帝国データバンクの資料によると、日本企業の平均寿命は、37.48年でした。つまり、38年以上続いている会社というのは、時代への適応能力が高いと言えるでしょう。

特に今は変化の早い時代ですから、1年前、2年前に正しいと思われていたことさえ変わっている可能性があります。

会社だけでなく、社会全体を見ても、ベクトルの方向を確認、修正していく作業は必要です。

自分がやっていることに違和感を抱いたり、ズレを感じたときはもちろん、逆に順調に進んでいるように思えるときでも、**「今のままで大丈夫かな？」**と確認すること。

「努力」と「目標」のベクトルの方向がずれていないかどうかを見

極める一番簡単なチェックポイントは、**ストレスの度合い**です。
仕事がつらくて愚痴や不満が増えたり、心身の不調を感じるようになったら、ベクトルの方向が狂っている可能性が高いでしょう。
反対に、仕事が楽しければストレスで心身の具合まで悪くなることはありません。

たとえ、ベクトルの方向が間違っていなくても、変化の激しい時代は「努力」の内容を常に見直す必要があります。
私も、50歳で合気道を始めるなど、節目節目に新しいことにチャレンジしています。つい最近も、新しい研究をスタートしました。
あなたもぜひ、数年おきに新しいスキルを身につけたり、新しい仕事や趣味を始めるなどして、自分自身をアップデートしていきましょう。

ただし、流行は必ず廃れますから、サーフィンのように時代の波にばかり乗っていると方向性を見失ったり、思わぬところで岩にぶつかってしまうかもしれません。
簡単に波に流されないように、自分の目標の軸足だけは見失わないようにしてください。

仲間を見つけて
苦手なことは「人に任せる」

行動ができない人は、**「上手くいかなかったらどうしよう」「自分にできる自信がない」**と、何かとネガティブに考えがちです。

しかし、その慎重さも「多段思考力」「疑い力」といった思考体力という武器だと思えば、楽観的になれるはず。あとは行動するだけです。

以前、研究者志望の大学院生たちが集まるパーティーで、スピーチを頼まれたことがありました。

そのとき彼らに向かって伝えたことも、**「楽観的になれ」**というメッセージでした。

研究に欠かせない要素は、「疑うこと」です。

ところが、この「疑い力」が強くなりすぎて、**「そもそも自分に研究者の資質がないのではないか？」**と自信をなくして自滅する研究者が少なくありません。

研究とは、そうした自己懐疑との闘いなのですが、新たな発見など大きな成果を出す人は、懐疑的な考えを克服できる楽観的な人間です。

つまり、自分自身を高めて成功をつかむためには、疑うことと同じくらい楽観的になって、自分の才能を信じる力も必要なのです。

楽観的になると、リスクもとりやすくなります。

リスクをとればとるほど失敗する確率は高くなりますが、失敗があなたにとってマイナスになることはなく、むしろ進歩に繋がります。

安全地帯にばかりいても、一歩も前に進めません。

反対に、猛ダッシュで走り出して、仮に転んだとしても、思考習慣さえ身につけていれば大丈夫。

最後は、「信じる力」を振り絞って行動を起こして、その経験からまた考え続けて、どんどん前に進んでいったほうがいいのです。

やりたいことを実現したいけれど、そのためには自分が苦手なこともやらなきゃいけないから迷っている……。

そう思って、一歩踏み出せない人もいるかもしれません。

自分にできないことがある場合は、人に任せてみましょう。

苦手なことや自信がないことがあるのなら、得意な人に手伝ってもらったほうが早いからです。

任せることの重要性については、私が尊敬するドイツの経済学者エルンスト・フリードリヒ・シューマッハも力説しています。

特に上の立場の人は、下の立場の人に対して抑圧的になりがちで、その状態が長く続いている組織はやがてダメになってしまうのです。

どの仕事を、どの範囲まで人に任せるかは、お願いする人の度量と裁量によって変わってきます。

特に、お互いが上下関係にある場合、総じて上司は部下の能力を疑っていますし、自分がやったほうがいい結果を出せると思い込んでいるからです。

しかし、人を信じて任せると、そのぶん自分の時間が増えます。

忙しい現代人にとって、時間ほど大切なものはありません。

反対に、全部自分で抱え込んでしまう人は、自分の時間が増えるどころか減るばかりで、じっくり考え続ける余裕もなくなってしまうのです。

どんなに優秀な人でも、やりたいことを全て自分ですることは不可能です。

行動を起こすとき、自分１人では無理だと思ったら諦めるのではなく、「ジャンプ力」で思い切って人に任せてみる。

それができるようになれば、より大きな成功をつかめるようになるはずです。

現代社会の課題は、環境問題１つとってみても、自然保護の問題があり、食糧問題があり、地球の温暖化問題があり……といったように複合的です。

１つの問題を深く掘り下げていく専門的な思考ができる人が重宝される時代もありましたが、今の社会で求められているのはそれだけではありません。

複雑に絡み合った問題に、臨機応変に対応できる複合的な思考なのです。

複合的な思考とは、まさに「思考体力」のことです。

考えたことをいざ実践するとなったときも、複合的な問題に対応できる行動力を求められることもあります。

そのためには、**共に戦ってくれたり、協力してくれる仲間が必要です。**

・仲間を見つけるためには、関心あるテーマについて学び続ける
・自分の世界だけに閉じこもらず、どんどん外に出て人と語り合う

こうした多様な人間関係によって、さまざまな価値観や考え方に刺激を受けることが、結果的に思考習慣を身につけることにも繋がっていくのです。

おわりに

「考える力」は、誰にでも平等に備わっています。
　しかし、その使い方は誰も教えてくれません。

　周りが天才ばかりでダメな自分に落ち込んでいた東大時代、この盲点に気づいたことで、私は自分の人生を切り拓くことができました。
「思考体力」を鍛え、「思考習慣」を身につけたおかげで、これまでさまざまな困難を乗り越えてきました。
　ところが、世の中を見渡すと、考える力の使い方を知らない人がまだまだ多いように感じています。
　特に、2020年から始まった新型コロナ騒動で、考え続ける力がある人とない人の違いが、より明らかになったように思います。

　コロナ禍でできた空白の時間を危機だと思うか、チャンスととらえるか。
　思考習慣がある人とない人とでは、まずこのスタート地点で差がつきます。
　今までの当たり前や常識がガラガラと崩れ去ったときに、「もうダメだ」と思うか、「よし、新しいことを始めるチャンスだ！」と思えるか。

本書をここまで読んでくださったあなたは、もちろん後者でしょう。
すでにワクワクして、新しいことを始めてみたいと思っている人もいるかもしれません。

14世紀に世界全体に蔓延したペストのパンデミックは史上最悪規模で、ヨーロッパの人口の3分の1が命を落としたとされています。
その頃、大学生だったニュートンは、大学が2年間休校になった間に、「万有引力の法則」を発見したのです。
ペストが流行しなければ「万有引力の法則」は発見されなかったか、発見されたとしてももっとあとの時代になったのではないでしょうか。
危機的状況に陥るたびに、新しいものが生まれ、時代の流れが変わる。
人類の歴史は、破壊と再生の繰り返しで発展してきたとも言えます。

社会が大きく変わるタイミングは、全てをもう一度見直す絶好のチャンスです。
キーワードは、「再定義」。
ビジネスモデルや人生設計、人間関係、自分自身……。
全てを見直して、再定義してみると、新たな気づきがあるはずです。

社会が一変するほど大きな変化が起きたときは、想定外の出来事に備えるために、「場合分け力」を使って選択肢を増やすことも大切です。

これからは日本も欧米のように、「ジョブ型雇用」の動きが間違いなく加速していきます。

学歴や年齢よりも、どんなスキルや資格、経験があるかがますます重視されるようになるのです。

私も５年後、10年後を見据えて新たな研究分野を開拓しようと考え、最近、分厚い専門書を３冊読みました。

新しいことを始めるためには、新しい学びも必要です。

ぜひ、あなたも次のことを考えてみてください。

・どんな分野にどんなチャンスの種があるのか？
・これからの社会で解決すべき課題は何か？
・人の役に立つことは何か？
・これからの社会で求められるスキルは何か？
・自分の「売り」は何なのか？

「自己駆動力」「多段思考力」「疑い力」「大局力」「場合分け力」「ジャンプ力」「微分思考力」を駆使すれば、自ずとやるべきことが見えてくるはずです。

思考体力を駆使して考え続ける思考習慣を身につけることができれば、それはあなたにとって最強の武器になります。

ぜひ自信を持って、時代の変換点を楽しみながら、人生を豊かに生きてほしいと願っています。

本書は、2011年に刊行した『東大人気教授が教える　思考体力を鍛える』（あさ出版）
をもとに大幅加筆・修正のうえ改題したものです。

著者紹介

西成活裕（にしなり・かつひろ）

1967年、東京都生まれ。東京大学大学院工学系研究科博士課程修了、博士（工学）の学位を取得。その後、山形大学、龍谷大学、ドイツのケルン大学理論物理学研究所を経て、現在は東京大学先端科学技術研究センター教授。ムダどり学会会長、MUJI COLOGY!研究所所長などを併任。専門は数理物理学。さまざまな渋滞を分野横断的に研究する「渋滞学」を提唱し、著書『渋滞学』（新潮社）は講談社科学出版賞などを受賞。
2007年JSTさきがけ研究員、2010年内閣府イノベーション国際共同研究座長、文部科学省「科学技術への顕著な貢献2013」に選出、東京オリンピック組織委員会アドバイザーにも就任している。日本経済新聞「あすへの話題」連載、日本テレビ「世界一受けたい授業」に多数回出演するなど、多くのテレビ、ラジオ、新聞などのメディアでも活躍している。
近著に、『東大の先生！　文系の私に超わかりやすく高校の数学を教えてください！』『東大の先生！　文系の私に超わかりやすく数学を教えてください！』（ともに、かんき出版）などがある。

ブックライター　樺山美夏

東大教授の考え続ける力がつく
思考習慣

〈検印省略〉

2021年 4 月 9 日 第 1 刷発行
2024年 11 月 14 日 第 4 刷発行

著　者——西成 活裕（にしなり・かつひろ）
発行者——田賀井 弘毅

発行所——株式会社あさ出版
〒171-0022 東京都豊島区南池袋 2-9-9 第一池袋ホワイトビル 6F
電　話 03 (3983) 3225（販売）
03 (3983) 3227（編集）
ＦＡＸ 03 (3983) 3226
ＵＲＬ http://www.asa21.com/
E-mail info@asa21.com

印刷・製本　（株）光邦

note http://note.com/asapublishing/
facebook http://www.facebook.com/asapublishing
X http://twitter.com/asapublishing

©Katsuhiro Nishinari 2021 Printed in Japan

ISBN978-4-86667-213-7 C2034

本書を無断で複写複製（電子化を含む）することは、著作権法上の例外を除き、禁じられています。
また、本書を代行業者等の第三者に依頼してスキャンやデジタル化することは、たとえ個人や家庭内の利用であっても一切認められていません。乱丁本・落丁本はお取替え致します。